essentials

essentials liefern aktuelles Wissen in konzentrierter Form. Die Essenz dessen, worauf es als „State-of-the-Art" in der gegenwärtigen Fachdiskussion oder in der Praxis ankommt. *essentials* informieren schnell, unkompliziert und verständlich

- als Einführung in ein aktuelles Thema aus Ihrem Fachgebiet
- als Einstieg in ein für Sie noch unbekanntes Themenfeld
- als Einblick, um zum Thema mitreden zu können

Die Bücher in elektronischer und gedruckter Form bringen das Expertenwissen von Springer-Fachautoren kompakt zur Darstellung. Sie sind besonders für die Nutzung als eBook auf Tablet-PCs, eBook-Readern und Smartphones geeignet. *essentials:* Wissensbausteine aus den Wirtschafts-, Sozial- und Geisteswissenschaften, aus Technik und Naturwissenschaften sowie aus Medizin, Psychologie und Gesundheitsberufen. Von renommierten Autoren aller Springer-Verlagsmarken.

Weitere Bände in der Reihe http://www.springer.com/series/13088

Patrick Hofstadt

Professionelle Angebotserstellung

Erklärungsbedürftige Inhalte überzeugend verkaufen

Patrick Hofstadt
Quality Bid Consulting (QBC)
Iserlohn, Deutschland

ISSN 2197-6708 ISSN 2197-6716 (electronic)
essentials
ISBN 978-3-658-27055-1 ISBN 978-3-658-27056-8 (eBook)
https://doi.org/10.1007/978-3-658-27056-8

Die Deutsche Nationalbibliothek verzeichnet diese Publikation in der Deutschen Nationalbibliografie; detaillierte bibliografische Daten sind im Internet über http://dnb.d-nb.de abrufbar.

Springer Gabler

Springer Gabler ist ein Imprint der eingetragenen Gesellschaft Springer Fachmedien Wiesbaden GmbH und ist ein Teil von Springer Nature.
Die Anschrift der Gesellschaft ist: Abraham-Lincoln-Str. 46, 65189 Wiesbaden, Germany

Was Sie in diesem *essential* finden können

- Sie erfahren, wie Sie Angebote kundenorientiert strukturieren und Ihre Argumente unübersehbar herausstellen.
- Sie erhalten wertvolle Hinweise für griffiges und überzeugendes Formulieren.
- Sie erfahren, was Sie vor dem Schreiben beachten müssen, um zu besseren Ergebnissen in kürzerer Zeit zu gelangen.
- Sie verstehen die inhaltliche Ebene überzeugender Angebote und entwickeln durchschlagende Botschaften.
- Sie lernen die Grundlagen durchschlagender Management Summarys kennen.

Vorwort

Je komplexer ihre Dienstleistung oder Ihr Produkt ist, desto größer ist in vielen Fällen die Wissenslücke, die Sie beim Erstellen von Angeboten zu Ihren Kunden überbrücken müssen. Wenn Sie das nicht schaffen, wird Ihr potenzieller Kunde vor allem auf den Preis schauen. Denn er kann sich ohne Ihren Transfer den Mehrwert Ihres Angebots in der Regel nicht selbst herleiten. Die Erstellung wirklich überzeugender und kundenorientierter Angebotstexte ist somit essenziell für alle, die erklärungsbedürftige Leistungen oder Produkte verkaufen. Um Ihnen als Verkäufer, als technischem oder fachlichem Experten oder als Angebotsmanager die wichtigsten Informationen rund um das Thema überzeugende Angebote in aller Kürze zu übermitteln, ist dieses *essential* entstanden. Ich möchte Ihnen die wichtigsten Kenntnisse und praxistaugliche Werkzeuge vorstellen, damit Sie eingängigere und gewinnfähigere Angebote erstellen können, die plakativ, präzise sowie auf den Punkt konzipiert und umgesetzt sind. Sie können dieses *essential* von Anfang bis Ende lesen oder bei Bedarf zu den für Sie besonders relevanten Themenbereichen springen.

Ich wünsche Ihnen viel Erfolg!

Patrick Hofstadt

Inhaltsverzeichnis

1 Einleitung

Ihre Angebote sollen zukünftig so gut strukturiert, so plakativ umgesetzt und so verständlich formuliert sein, dass Entscheider schon beim Querlesen den individuellen Mehrwert der angebotenen Lösung begreifen. Beim ausführlichen Lesen soll Ihr Angebot nicht nur eine aussagekräftige Visitenkarte Ihres Unternehmens sowie der angebotenen Leistung sein, sondern durch seine gute Qualität einen Ausblick auf die gemeinsame Zusammenarbeit geben, der Lust auf mehr macht. Wenn Sie Angebote an Kundenmitarbeiter unterhalb der Entscheider-Ebene adressieren, sollen diese durch die deutlichere Ausgestaltung der Nutzenargumente in die Lage versetzt werden, in ihrem Unternehmen und gegenüber ihren Vorgesetzten und Entscheidern überzeugender und nutzenorientierter zu argumentieren.

Dieses *essential* ist auf der Basis von mehr als zehn Jahren operativem Angebotsmanagement, über 1.000 analysierten Angeboten und detaillierten Kenntnissen zu den Angebots-Best Practices in den USA, in Europa und Deutschland entstanden. Es beinhaltet in kurzer und knapper Form die wesentlichen Hilfen und Hintergründe, die es Ihnen ermöglichen, ein aus handwerklicher und inhaltlicher Sicht wirklich kundenorientiertes und überzeugendes Angebot zu gestalten und zu verfassen.

Angesprochen werden alle, die beruflich mit Angeboten und Konzepttexten zu tun haben und all jene, die fachliche oder technische Experten sind und die es nicht gewohnt sind, regelmäßig für fachfremdes Publikum zu schreiben. Aber auch für diejenigen, die regelmäßig für externe Zielgruppen schreiben, sind wertvolle Tipps und zahlreiche Best Practices enthalten. Damit soll es als Vorlage, Nachschlagewerk und Inspiration dienen.

Sie erfahren, wie Sie überzeugende und mehrwertorientierte Angebote konzipieren, strukturieren und ganz konkret umsetzen. Vertriebliches Grundwissen ist

P. Hofstadt, *Professionelle Angebotserstellung*, essentials,
https://doi.org/10.1007/978-3-658-27056-8_1

dabei hilfreich, aber keine Voraussetzung, Sie ziehen auch dann einen Mehrwert daraus, wenn sie bei null anfangen.

Ganz bewusst wird Ihnen eine Struktur für gute Angebote vorgegeben. Dies bedeutet aber nicht, dass Sie sich zwingend an diese Struktur halten müssen. Sehen Sie es vielmehr als einen Werkzeugkasten an, den sie gut kennen sollten, um das jeweils passende Werkzeug im richtigen Moment auch verwenden zu können. Genau wie bei einem Werkzeugkasten werden Sie selten alle Werkzeuge auf einmal brauchen. Wichtig ist, sie bei der Hand zu haben, wenn sie benötigt werden.

Überblick über das *essential* „Professionelle Angebotserstellung"
Wie ist dieses Buch aufgebaut?

- Das Angebot: Ein Verkaufsdokument, das aus sich selbst heraus verkaufen muss
- Leserführung: Angebote, Kapitel und Abschnitte sinnvoll strukturieren und gewichten
- Plakative Mehrwertdarstellung: Argumente unübersehbar herausstellen
- Stil und Satzbau: Kundenorientiert, griffig und überzeugend formulieren
- Optimale Vorbereitung: Was vor dem Schreiben zu tun ist
- Die inhaltliche Ebene: Erfolgreiche Botschaften entwickeln
- Pyramidal konzipieren: Argumente und Botschaften strukturiert in einen Text überführen
- Fluch und Segen von Textbausteinen: Zwischen Zeitersparnis und Kundenfokus
- Management Summary in Kürze: Visitenkarte des Angebots und Leuchtturm für Ihr Team

Was ist der Anreiz für Sie als Leser?

- Sie erhalten schnell verständliche, sofort anwendbare und ausgereifte Hilfen, um Ihre Botschaft im Angebot herüberzubringen.
- Sie erweitern Ihren Blickwinkel in Bezug auf die Themen Angebotskommunikation und Kundenorientierung.
- Sie kommen bei der Arbeit an Angeboten und Fachtexten schneller zu qualitativ besseren Ergebnissen.

An wen richtet sich das *essential* „Professionelle Angebotserstellung"?
Das Buch richtet sich an Personen, die

- in kurzer Zeit einen Überblick über aktuelle Best Practices erfolgreicher Angebote erhalten wollen,
- regelmäßig etwas schnell nachschlagen müssen,
- konkrete handwerkliche Hilfestellungen suchen,
- sich entweder auf hohem Niveau neu in das Thema „Überzeugende Angebote" einarbeiten möchten oder müssen oder ihr Wissen um neue Elemente erweitern wollen.

Das Angebot: Ein Verkaufsdokument 2

Wenn Sie sich einmal vergegenwärtigen, in welchen Kontexten Sie überall auf Angebote treffen, dann wird Ihnen schnell klar, dass es das typische Angebot nicht gibt. Nichtsdestotrotz haben Angebote typische Funktionen. Sie sind die geschäftliche Grundlage der weiteren Zusammenarbeit, definieren Leistung und Gegenleistung und bilden bei Annahme grundsätzlich auch schon das bindende Vertragswerk. Zudem erleichtern sie dem späteren Projektleiter den Einstieg in seine Tätigkeit. Die für dieses Buch wichtigste Funktion ist allerdings die Verkaufsfunktion. Ein gutes Angebot muss zunächst einmal vor allem eine Sache können, und das ist Verkaufen. Denn wenn es diese Funktion nicht erfüllt, kommen die übrigen Aspekte erst gar nicht zum Zuge. Die berufliche Praxis zeigt jedoch ein ganz anderes Bild. Denn immer dann, wenn Sie komplexe Dinge in Ihren Angeboten erläutern müssen, ist die Wahrscheinlichkeit hoch, dass Sie Fachexperten hinzuziehen, die Ihnen beim Schreiben helfen. Diese Fachexperten sind zwar oft Experten ihrer Zunft, ebenso oft handelt es sich bei ihnen jedoch nicht um geborene Schreiber. Und auch viele Vertriebsmitarbeiter treffen zwar beim Kunden vor Ort den richtigen Ton, haben aber niemals unter Anleitung gelernt, einen Text professionell und strukturiert vertrieblich aufzubereiten.

Was zeichnet überzeugende Angebote aus?
Überzeugende Angebote lassen sich durch einige wenige Charakteristika beschreiben. Die folgende Liste enthält die wichtigsten:

- Überzeugende Angebote sind so strukturiert, dass der Leser das Wichtige schnell erfährt, immer den Überblick hat und sich auf den Inhalt konzentrieren kann.

P. Hofstadt, *Professionelle Angebotserstellung*, essentials,
https://doi.org/10.1007/978-3-658-27056-8_2

- Überzeugende Angebote stellen die Hauptverkaufsbotschaften plakativ und unübersehbar heraus, zum Beispiel in selbsterklärenden, also „sprechenden" Überschriften, in Grafiken und Grafikuntertiteln oder in separaten Textboxen.
- Überzeugende Angebote basieren auf einem klaren inhaltlichen Konzept, das die „pain points" des Kunden adressiert, Mehrwerte und Leistungselemente miteinander verbindet und Beweise für die versprochene Leistungsfähigkeit anführt.
- Überzeugende Angebote sind in leicht verständlicher, präziser und klarer Sprache sowie griffig und kundenorientiert formuliert.
- Überzeugende Angebote folgen einem handwerklichen Vorgehen und trotz individueller Ausgestaltung einem wiederholbaren Konzept zur Erstellung.

2.1 Ein gutes Angebot verkauft sich aus sich selbst heraus

Sie als Leser dieses *essentials* müssen sich eine Sache klarmachen: Im Gegensatz zu einer Präsentation im Haus Ihres Kunden haben Sie in einem Angebot nicht die Möglichkeit, Dinge weitergehend zu erläutern, die Ihr Kunde nicht auf Anhieb verstanden hat. Sie haben auch nicht die Möglichkeit, auf die Mimik und Gestik Ihres Kunden zu reagieren. Sie stehen schlicht gesagt nicht daneben, wenn Ihr Kunde das Angebot liest. Deswegen gelten für ein Angebotsdokument gänzlich andere Regeln als für eine Angebotspräsentation. Es muss sich im wahrsten Wortsinn „aus sich selbst heraus verkaufen".

Was also macht über diese verkaufsorientierte Grundhaltung eines Verkaufsdokuments nun die Besonderheit eines schriftlichen Angebots im Einzelnen aus? Die folgenden Kapitel erklären Ihnen,

- wie Sie Angebote kundenorientiert strukturieren,
- wie Sie Ihren Leser an die Hand nehmen,
- wie Sie Argumente unübersehbar herausstellen und
- wie Sie auf der Ebene von Stil und Satzbau griffig und überzeugend formulieren.

▶ Im Gegensatz zu einer Angebotspräsentation im Haus Ihres Kunden haben Sie in einem Angebotsdokument nicht die Möglichkeit, Dinge nochmals zu erläutern, die nicht zu 100 % klar sind. Sie sollten daher lieber das Risiko eingehen, Ihre Botschaften zu deutlich zu vermitteln, als das Risiko einzugehen, dass die Botschaften übersehen werden.

2.2 Leserführung: Angebote, Kapitel und Abschnitte sinnvoll strukturieren und gewichten

Die Kapitelstruktur wird vor dem Schreiben festgelegt. Dies klingt zunächst einleuchtend, wird aber oft nicht umgesetzt. Insbesondere dann, wenn Sie bereits auf bestehende Texte zurückgreifen können, ist die Gefahr hoch, dass Sie die für einen anderen Kunden optimale Struktur nun einfach auch auf das aktuelle Angebot übertragen. Doch jeder Kunde ist unterschiedlich und selbst wenn der technisch-fachliche Inhalt des Angebots derselbe ist, löst er doch bei verschiedenen Kunden oft komplett unterschiedliche Problemstellungen. Und sogar dann, wenn die Problemstellung ähnlich oder gleich ist, ist immer noch die Herangehensweise eine andere, die firmentypische Sprache oder im Zweifel das Empfinden, dass im eigenen Haus sowieso alles immer ganz anders ist als im Rest der Welt. Sie kommen also nicht umhin, sich über die individuelle Struktur Ihres Angebots vor dem Schreiben Gedanken zu machen und das Angebot dann so aufzubauen, dass die für den Kunden wesentlichen Informationen vorne stehen. Und zwar auf Ebene der Kapitelstruktur ebenso wie auf Ebene der einzelnen Passagen und Absätze in einem Kapitel.

2.2.1 Das Wichtigste gehört nach vorn

Die Grundregel, das Wichtigste nach vorn zu stellen, gilt für das gesamte Dokument und für einzelne Kapitel. Es bringt Ihnen schlicht nichts, eine Dramaturgie oder einen Spannungsbogen aufzubauen, wenn Ihr Leser schon vor dem eigentlich Interessanten aussteigt. Ganz im Gegenteil ist es eine gelebte Wertschätzung Ihrem Kunden gegenüber, wenn Sie die wesentlichen Informationen zunächst auf einer groben Flughöhe darstellen und diese dann weiter verfeinern. Ihr Leser kann dann selbst entscheiden, ab welcher Granularität er aussteigt.

Die konkrete Strukturierung Ihres Angebots kann erfolgen

- anhand der inhaltlichen Logik, z. B. bei einem chronologisch beschriebenen Vorgehen,
- anhand der Priorisierung von Verkaufsargumenten, die Sie beispielsweise als Baumstruktur vorbereitet haben, oder
- anhand der expliziten Vorgaben Ihres Kunden.

Eine wichtige Anmerkung zum letzten Aufzählungspunkt: Wann immer Ihr Kunde Vorgaben zu einer Strukturierung macht, sollten Sie diese eins zu eins übernehmen, auch dann, wenn Ihnen dies nicht schlüssig erscheint. Denn es ist möglich, dass die Struktur im Haus Ihres Kunden aus organisatorischen Gründen nicht anders abgebildet werden kann und er diese Unterteilung braucht, um das Angebot effizient auswerten zu können. Falls Sie die Befürchtung haben, dass Ihr Kunde in seiner Struktur Ihren Argumenten nicht zu 100 % folgen kann oder wesentliche Informationen nicht wiederfindet, dann hilft Ihnen eine Zuordnungstabelle, die dem Kunden aufzeigt, an welchen Stellen des Dokuments er welche Antworten auf welche Fragen wiederfindet. Eine solche Zuordnungstabelle wird auch als „Response Locator“ bezeichnet. Abb. 2.1 enthält ein Beispiel.

Oft müssen Sie sich die zu einer Zuordnungstabelle gehörende Vorarbeit ohnehin machen, wenn Sie komplexe Fragestellungen beantworten. Damit Ihnen sprichwörtlich bei der Ausarbeitung eines umfangreichen Angebots nichts „durchgeht“, werden Sie sicherlich eine Excel-Liste oder eine ähnliche Tabelle erstellen, in der Sie die Fragen Ihres Kunden und Ihre Antworten vorstrukturieren. Wenn Sie diese Tabelle auf die wesentlichen Spalten reduzieren und

#	Ihre Anforderungen	Quelle	Antwort siehe Seite/ Kap. Nr.
1	Alle Prozesse können durchgängig gesteuert werden.	Leistungsbeschreibung Kap. 4.4	S.12, Kap.2.2
2	Betrieb in der Cloud möglich.	Leistungsbeschreibung Kap. 6.2	S.20, Kap 3.3
3	Flexible Skalierung von Rechenleistung, Datenspeicher oder Nutzeranzahl.	Antwort auf Bieterfrage vom 30.06.	S. 18, Kap. 3.1
4	Workflow-Engine für alle beschriebenen Prozessbereiche.	Leistungsbeschreibung Kap. 7	S. 23, Kap. 3.7
5	Zusammenhängende Auswertung aller Aspekte.	Antwort auf Bieterfrage vom 30.06.	S. 14, Kap. 2.3

Abb. 2.1 Ein „Response Locator“ gibt Ihrem Kunden einen schnellen Überblick, an welchen Stellen des Angebots er welche Informationen auffindet

eine Zuordnung vornehmen, an welcher Stelle im Dokument Sie die jeweiligen Antworten gegeben haben, haben Sie sich die Arbeit also ohnehin schon gemacht. Was spricht dagegen, nun auch Ihrem Kunden die Auswertung des Angebots auf Basis dieser Tabelle zu erleichtern?

▶ Wenn Sie Ihren Leser zunächst mit Nebensächlichkeiten „langweilen", steigt er gegebenenfalls aus, bevor die schlagkräftigsten Argumente ihn erreicht haben. Das in den Augen Ihres Kunden Wichtigste gehört daher immer nach vorn.

2.2.2 Aufbau eines idealen Angebots

Das ideale Angebot ist immer individuell auf einen Kunden abgestimmt. Sie können also an dieser Stelle keine Blaupause für **das ideale Angebot** erwarten. Ein **typisches** Angebot besteht jedoch zunächst in den meisten Fällen aus:

- Management Summary
- Einleitung
- Leistungsgegenstand
- Preisteil
- Konditionenteil
- Anhang

Vielleicht vermissen Sie in der obigen Liste die Unternehmensbeschreibung. Doch die Zeiten, in denen Sie zunächst erstmal seitenlang auf Ihre eigenen Kompetenzen in bestimmten Feldern eingehen, sollten mittlerweile der Vergangenheit angehören. Wenn Sie Ihren Kunden nicht mit dem Inhalt Ihrer Lösung überzeugen können, dann wird er Sie im Regelfall nicht beauftragen, auch wenn Sie in einem soliden, etablierten und sehr erfahrenen Unternehmen arbeiten.

Sicherlich, es gibt Ausnahmen, doch die meisten von Ihnen werden nicht in einem Umfeld arbeiten, das so groß und etabliert ist wie manche IT-Giganten in den 80er-Jahren, als es hieß: „Beauftrage die, denn wenn die es vergeigen, hätte es sonst auch keiner hinbekommen."

Sie sollten sich stattdessen auf diejenigen Elemente Ihrer Unternehmensstruktur oder Historie beschränken, die für diesen einen speziellen Auftrag wirklich verkaufsrelevant sind. Diese Elemente übernehmen Sie ins Einleitungskapitel sowie in komprimierter Form ins Management Summary. Sie sollten also beispielsweise einen Unternehmensschwerpunkt erwähnen, der genau in den gefragten technischen Bereich fällt, oder passende Referenzen und Zertifizierungen anführen. Alles Übrige lagern Sie aber bitte in den Anhang aus.

Des Weiteren ist die Frage relevant, wer überhaupt Ihr Kunde ist. Denn Ihr Kunde ist kein abstraktes Unternehmen. Ihr Kunde ist eine bestimmte Person bzw. ein Kreis bestimmter Personen, die bei einem Unternehmen angestellt sind oder – in seltenen Fällen – das Kundenunternehmen selbst aufgebaut haben. Diese Menschen haben ein persönliches Bezugssystem zu Ihnen als Anbieter und sie besitzen jeweils eigene Vorlieben, Ängste, Präferenzen und Entscheidungskriterien.

Wenn Sie also bei einem Kunden anbieten, bei dem alle Entscheidungsträger Sie bereits kennen, dann lassen Sie die Unternehmensbeschreibung selbstverständlich weg. Doch wie sieht es aus, wenn im Kundenunternehmen Ansprechpartner gewechselt haben? Oder wenn es im Haus Ihres Kunden weitere Mitarbeiter gibt, die eine Einschätzung zu Ihrem Angebot abgeben sollen? Oder wie gestaltet sich die Lage in dem Fall, dass Sie Ihr Geschäftsportfolio erweitern und nun in einem Bereich anbieten, in dem Sie noch nicht zusammengearbeitet haben? In all diesen Fällen sollten Sie mit einer kurzen Unternehmensbeschreibung belegen können, warum Sie meinen, über die bisherige Geschäftshistorie hinaus leistungskompetent zu sein. Mein Rat ist aber auch in diesem Fall, nur die wesentlichen Elemente in der Einleitung zu belassen – und dies so knapp und kurz wie möglich. Es gilt auch hier: Ausschweifendes zum Unternehmen gehört in den Anhang, denn es ist im ersten Schritt nicht entscheidungsrelevant.

▶ Ihr Kunde ist nicht ein abstraktes Unternehmen, sondern es sind Menschen mit jeweils ganz eigenen Vorstellungen, Ängsten, Präferenzen und Entscheidungskriterien. Das „ideale Angebot" orientiert sich an diesen ganz unterschiedlichen Vorkenntnissen und Bedürfnissen, ist also immer individuell aufgebaut.

Priorisierung von Schwerpunkten innerhalb des Leistungsgegenstands

Innerhalb des Leistungsgegenstands führe ich mit Schulungsteilnehmern oft die Diskussion darüber, ob das Vorgehen in einem Projekt oder der technische bzw. fachliche Leistungsgegenstand zuerst benannt werden sollte. Die richtige Antwort ist: Es kommt darauf an.

- Wenn Sie ein triviales oder austauschbares Produkt oder eine austauschbare Dienstleistung anbieten, für die es am Markt mehrere Anbieter gibt, dann ist es schwer, sich über das Produkt oder die Dienstleistung zu differenzieren. In diesem Fall sollten Sie sich über das Projektvorgehen differenzieren und das

Projektvorgehen dann aus Verkaufssicht auch nach oben ziehen. Die technische oder fachliche Leistung folgt erst nachrangig.

- Sollten Sie sich über den Leistungsgegenstand an sich bereits vom Markt abheben können, z. B. weil sie ein individuelles Konzept anbieten oder ein innovatives Produkt, das zahlreiche Alleinstellungsmerkmale besitzt, dann sollten Sie diese technischen oder fachlichen Leistungselemente auch in der Struktur nach vorne stellen. Das Vorgehen innerhalb der Zusammenarbeit bildet dann zumeist nur einen untergeordneten Teil des Projekts.

▶ Die Priorisierung innerhalb des Leistungsgegenstandes sollten Sie davon abhängig machen, ob Sie sich mit dem Leistungsinhalt oder dem Vorgehen innerhalb der Zusammenarbeit vom Wettbewerb abheben.

2.2.3 Die richtige Gewichtung einzelner Elemente

Der Umfang einzelner Abschnitte muss der jeweiligen Absicht angemessen sein. Auch dies ist in der Praxis schwieriger, als es klingt. Denn es zwingt Sie, sich mit Ihrem Angebotstext wirklich bewusst auseinanderzusetzen und nicht nur das zu schreiben, was Sie immer schreiben. Fragen Sie sich bei jedem Angebot bewusst, was Ihr Leser von Ihnen und von dem avisierten Projekt erwartet. Welche Vorgaben macht er an den Text? Welche Informationen erwartet er und welche sind tatsächlich für ihn relevant? Wie viel zu einem Thema ist angemessen?

Wenn Sie diese Fragen nicht klar beantworten können, sollten Sie eine bewusste Unterscheidung der sogenannten „Flughöhe" treffen, also eine Abstufung der Granularität der vermittelten Information sowie eine bewusste Unterscheidung des jeweiligen Zielgruppenzuschnitts. Liefern Sie zunächst alle Inhalte in kurzer Form und grober Granularität und danach nochmals in etwas detaillierter Form. Idealerweise adressieren Sie zunächst die Management-Ebene mit Informationen, die für das Gesamtunternehmen oder den Business Case relevant sind („Hohe Flughöhe"). Nachfolgend erläutern Sie auf der „mittleren Flughöhe" die aus fachlicher Sicht wesentlichen Punkte. Abschließend geben Sie bei Bedarf technische und fachliche Details an („niedrige Flughöhe"). Sie können die detaillierten Informationen im Zweifel sogar in den Anhang auslagern. Ähnliches gilt für Randinformationen. Diese können Sie ebenfalls in den Anhang oder, wenn es sich dafür nicht lohnt, auch in Fußnoten auslagern.

Im Kapitel Textbausteine gehen wir auf die Folgen der Wiederverwendung von Textbausteinen ein. Um eines vorweg zu nehmen: Die größte Gefahr eines

Recyclings von Bausteinen ist, dass sich Ihr Leser nicht abgeholt fühlt, weil er merkt, dass die Struktur nicht zu seinen Anforderungen passt. In der Folge fühlt er sich als zahlender Kunde möglicherweise nicht von Ihnen ernstgenommen und wird Sie in Zukunft möglicherweise nicht einmal mehr anfragen. Der mangelnde Verkaufserfolg ist hier noch die unproblematischste Folge. Viel schwerer wiegt der durch die Außenwirkung gegebenenfalls entstehende Image-Schaden.

Bezüglich der Balance in Angebotsdokumenten gelten darüber hinaus folgende Grundregeln:

- Immer wenn es ein Unterkapitel X.1 gibt, dann existiert auch mindestens ein Unterkapitel X.2. Bei einem oder zwei Unterkapiteln ist es oft sinnvoller, statt einer nummerierten Aufzählung Zwischenüberschriften ohne Nummerierung zu verwenden. Ab dem dritten Unterkapitel sollten Sie jedoch eine Nummerierung verwenden, denn dies hilft dem Leser, sich zu orientieren.
- Bei Aufzählungen und Unterkapiteln gilt generell, das Kapitel oder Aufzählungspunkte immer drei bis sieben Elemente umfassen sollten. Die maximale Anzahl von sieben ist der Tatsache geschuldet, dass der Mensch im Durchschnitt nur maximal sieben Elemente zeitgleich im Kopf behalten kann. Wenn Sie ihm mehr Elemente liefern, dann führt dies zu Verwirrung und er muss einen Teil seiner Energie in das Verständnis der Struktur investieren, obwohl er diese Energie doch eigentlich für das Verstehen Ihrer Argumentation aufwenden sollte.
- Pro Unterkapitel sollten Sie jeweils mindestens eine halbe Seite Text schreiben können. Natürlich gibt es auch Ausnahmen, doch es gilt die Regel: Haben Sie deutlich weniger Text zur Verfügung als eine halbe Seite pro Punkt, dann kann dies auf einen von zwei Fehlern hinweisen.
  - Erstens: Sie haben noch lange nicht alles geschrieben, was zu diesem Thema wirklich für den Kunden relevant ist.
  - Zweitens: Der Inhalt benötigt kein eigenes Unterkapitel, sondern gehört eigentlich in ein anderes Unterkapitel mit hinein. In diesem Falle ist es sinnvoller, anders zu clustern.

2.2.4 Einleitungen: Das Navigationsgerät für Ihr Angebot

Das Verwenden von Einleitungen hilft Ihrem Leser bei der Orientierung im Dokument und bei der Einordnung des Inhalts. Dies hat zum Vorteil, dass er sich nicht länger auf die Struktur konzentrieren muss, sondern seine Gedanken dem eigentlichen Angebotsgegenstand zuwenden kann. Kurz gesagt: Je mehr Sie Ihren

Leser mit der Nase auf Ihre Argumente stoßen können, desto höher ist die Wahrscheinlichkeit für einen erfolgreichen Geschäftsabschluss. Wenn Sie Ihren Leser aber zunächst ohne Einleitung und Anleitung loslaufen lassen und er früher oder später anfängt, wild hin und her zu blättern, weil er entweder nicht weiß, was noch kommt, oder schon vergessen hat, woher er kommt, dann ist dies eben nicht förderlich für den Verkaufsabschluss.

Ein gutes Angebot sollte nicht verwirren, sondern für beide Seiten klar und übersichtlich auflisten, wer was von wem zu erwarten hat. Jedes Stilelement für mehr Transparenz und Übersicht ist dann auch direkt ein aus sich heraus wirksames Verkaufsargument, denn es sorgt für Vertrauen und gibt Ihren Kunden einen Ausblick auf die Art und Weise, wie Sie auch im Projekt arbeiten. Nämlich so, dass Sie Ihren Kunden dort abholen, wo er ist, und ihn bei allen Schritten an die Hand nehmen.

Einleitungen haben darüber hinaus eine reine Informationsfunktion und dienen sozusagen als Navigationsinstrument. Selbstverständlich können Sie Einleitungen auf Ebene des Gesamtangebots verwenden, genauso aber auf Ebene eines einzelnen Kapitels. Auf Kapitelebene erläutern Sie, warum Sie das Kapitel so aufgebaut haben, wie Sie es aufgebaut haben. Auf Ebene des Gesamtdokuments gilt dies in ähnlicher Form. Hier können Sie dann zudem die Rahmenbedingungen der Zusammenarbeit sowie eine mögliche Vorgeschichte beschreiben (Kundenworkshops, Vorstudien, Leitplanken und Annahmen für enthaltene Konzepte oder Kalkulationen etc.).

Die Informationsfunktion dient in Abgrenzung zur Verkaufsfunktion (siehe Leittext Abschn. 2.3.2) wirklich der reinen Information, bewegt sich also ausschließlich auf der Sachebene.

Die Verwendung von Einleitungen auf Kapitelebene ist vor allem dann sinnvoll, wenn sich ein Kapitel über zwei oder mehr Seiten erstreckt oder drei oder mehr Unterpunkte enthält. Sie besteht üblicherweise aus den folgenden Elementen:

- Aufnehmen des grundlegenden Fadens und Beantworten der Frage, wo der Leser sich derzeit befindet, entweder im übergeordneten Prozess oder im Angebot bzw. Konzept.
- Eine gute Einleitung gibt einen groben Überblick über den Inhalt des Kapitels auf der Sachebene. Ein kundiger Leser kann dann selbst entscheiden, ob er dieses Kapitel weiterlesen möchte oder ob es für ihn nicht entscheidungsrelevant ist.
- Einleitungen bieten eine optimale Möglichkeit, um weitere Rahmeninformationen zum Hintergrund eines Kapitels oder Themenkomplexes mitzuliefern. Zum Beispiel gilt dies für Hinweise, warum die Struktur eines Kapitel

so ist, wie sie ist (z. B. weil dies in einem initialen Workshop so festgelegt wurde). Alles, was Ihrem Kunden hilft zu verstehen, warum Sie so handeln, wie Sie handeln, sorgt direkt für mehr Vertrauen und wirkt sich positiv auf Ihren Verkaufserfolg aus.

- Bei längeren Kapiteln sollte abschließend eine kurze, stichpunktartige Erläuterung der Struktur folgen. Entweder passiert dies tatsächlich in aufzählenden Stichpunkten oder als Fließtext, optimalerweise dann aber mit den klar benannten Unterkapiteln in Klammern hinter jedem Punkt.
- Im Einleitungskapitel oder in Einleitungen für Kapitel bieten sich zudem Tabellen oder Übersichtsgrafiken an, um Informationen schnell und übersichtlich darzustellen. Insbesondere dann, wenn die Struktur komplex ist, helfen Tabellen und Grafiken dem Leser, sich schnell zurechtzufinden.

▶ Einleitungen dienen als Navigationsinstrument für das Kapitel bzw. Angebot. Sie sind eine gelebte Wertschätzung an den Kunden und ein Ausblick auf eine Zusammenarbeit, in der er sich gut aufgehoben fühlt.

2.3 Plakative Mehrwertdarstellung: Argumente unübersehbar herausstellen

In den meisten Angeboten, die ich zu sehen bekomme, ist der Variantenreichtum bei der Darstellung der Verkaufsargumente als eher gering zu bezeichnen. Das an sich ist noch nicht problematisch. Was mich aber verwundert, ist die Tatsache, dass die wesentlichen Aussagen und die schlagkräftigsten Argumente am Ende eines Textes oder irgendwo mittendrin oftmals „untergehen", anstatt an prominenter Stelle mit ihrer Durchschlagskraft zu „glänzen". Ohne den damit angerichteten Schaden zu bemerken, handeln Angebotsschreiber hier getreu dem Motto: „Das Spannendste hebe ich mir für den Schluss auf oder lasse es ‚elegant' mit einfließen." Dumm nur, wenn kein Leser sich bis zum Ende Ihres Angebots durcharbeitet oder er die wesentlichen Punkte einfach übersieht, weil er den ganzen Text eher querliest, anstatt ihn Zeile für Zeile und Satz für Satz auszuwerten. Damit Ihnen dies nicht passiert, erhalten Sie in diesem Abschnitt rund ein halbes Dutzend einfacher Hilfsmittel, mittels derer Sie Ihre Aussagen plakativ präsentieren können. Optimalerweise haben Sie diese Aussagen vorher sauber vorbereitet, z. B. mit einer konsistenten Vertriebsstory (siehe Kap. 3). Die folgenden Abschnitte gehen nacheinander ein auf:

- Sprechende Überschriften
- Leittexte
- Tabellen
- Nutzenbasierte Bilduntertitel
- Textboxen
- Marginalien
- Zitate

2.3.1 Sprechende Überschriften

Generell sollten alle Ihre Überschriften sprechend und im wahrsten Wortsinn auch „an“-sprechend sein. Wenn Sie eine Zeitung lesen, dann lesen Sie diese ja auch nicht von A bis Z, sondern hangeln sich an den für Sie interessanten Überschriften oder Abbildungen entlang. Damit schätzen Sie ein, ob es sich lohnt, einen Artikel zu lesen, oder ob Sie Ihre Zeit nicht doch mit etwas anderem verbringen wollen. Dieses Prinzip gilt für einzelne Kapitelüberschriften ebenso. Und genauso, wie es für ganze Kapitel zutrifft, stimmt es natürlich auch für Zwischenüberschriften oder den Titel Ihres gesamten Angebots. Fassen Sie die Hauptaussage jedes Ihrer Abschnitte daher kundenorientiert zusammen in einer sprechenden Überschrift. So stellen Sie sicher, dass

- einzelne Stakeholder die für sie relevanten Informationen schnell auffinden,
- Leser schon beim flüchtigen Durchblättern des Dokuments das Thema eines Abschnitts erfassen und
- durch die Benennung des Kundennutzens in der Überschrift der Leser zum Weiterlesen angeregt wird.

Eine Ausnahme gilt bei der Beantwortung von Ausschreibungen. Bei der Übernahme von Überschriften, Vorgaben und Strukturen sollten Sie insbesondere bei öffentlichen Vergaben die Struktur und Nomenklatur des Auftraggebers eins zu eins verwenden!

Beispiel

„Schneller Projektstart durch bestehende Geschäftsbeziehung“ (zum Beispiel bei einem als zeitkritisch eingestuften Projekt)

Erläuterung: Sie stellen hier bereits in der Überschrift den Nutzen des im dann folgenden Abschnitt geschilderten Inhalts plakativ heraus. Im konkreten Fall besteht bereits eine Geschäftsbeziehung zum potenziellen Auftraggeber, sodass Ihre Mitarbeiter schon mit den Gegebenheiten vor Ort vertraut sind und bestimmte Rahmenbedingungen nicht erst aufwendig recherchiert werden müssen. Auch die Einarbeitungszeit und die Wahrscheinlichkeit von Verzögerungen bzw. Projektrisiken durch im Vorfeld falsch getroffene Annahmen können Sie deutlich geringer ansetzen. Da Sie in diesem Beispiel von Ihrem Kunden allerdings wissen, dass ihm die schnelle Projektumsetzung sehr wichtig ist, ist das Ihr Hauptnutzenargument, das Sie entsprechend prominent herausarbeiten.

▶ Eine strukturierte Vorbereitung Ihrer Schlüsselbotschaften (siehe Abschn. 3.2.3) hilft Ihnen bei der Auswahl der für den Abschnitt oder das Kapitel wesentlichen Aussagen und damit auch bei der Auswahl des in der Überschrift zu vermittelnden Nutzens.

2.3.2 Leittexte

Leittexte entstanden der Legende nach im amerikanischen Bürgerkrieg im 19. Jahrhundert. Weil die Telegraphenverbindungen seinerzeit nicht sonderlich zuverlässig waren, kam oft nur der erste Teil eines Gefechtsberichtes beim Empfänger an. Daher war es wichtig, das Wesentliche zuerst mitzuteilen. Ob die Legende stimmt, sei dahingestellt. Das Prinzip können Sie sich jedoch für Ihre Angebote zunutze machen.

Ein Leittext (das „Fettgedruckte" am Anfang) fasst das Wesentliche eines Abschnitts zusammen – und zwar nicht aus informativer Sicht, sondern mit Fokus auf den wesentlichen Verkaufsbotschaften des Abschnitts. Leittexte machen Lust auf mehr und zeigen dem Kunden, warum er einen Abschnitt lesen sollte beziehungsweise welchen Nutzen er vom Lesen hat. In Angeboten enthalten Leittexte sehr oft auch bereits die zentrale Verkaufsbotschaft eines Aspekts oder Kapitels.

Beispiele

Im Kapitel „Hardware-Konzept" eines IT-Angebots findet sich zu Beginn der folgende Text: „Firma X erwartet durch den Ausbau des Geschäfts serverseitig immer wieder Lastspitzen. Die Reduktion von zwölf alten auf vier neue Server, die dafür jeweils extrem leistungsstark sind, führt zu Kosteneinsparungen von ca. 7.500 € bei den Lizenzen und zur sicheren Handhabung der Lastspitzen." Ein Entscheider, der nur das Wichtigste erfahren möchte, springt möglicherweise direkt zum nächsten Kapitel, denn die Frage „Was bringt es mir?“ ist damit beantwortet. Mitarbeiter, die mit der technischen Prüfung betraut sind oder sich für weitere Details interessieren, lesen gegebenenfalls auch den Rest des Kapitels.

Im Abschnitt „Parkettböden der Immobilie versiegeln“ eines Handwerksangebots findet sich das folgende Beispiel für einen Leittext: „Ihr Haus ist Ihr Ruhepol und Sie möchten nach einer Renovierung für viele Jahre den Wohnkomfort Ihrer Zimmer genießen. Unsere erprobte Drei-Gänge-Versiegelung gibt Ihnen die Sicherheit, dass Ihnen größere Renovierungseinsätze am Parkett für viele Jahre erspart bleiben und der Boden seinen edlen Charakter lange Zeit behält. Unsere über 20-jährige Erfahrung hat immer wieder gezeigt, dass nur doppelt behandelte Böden im Schnitt schon fünf Jahre früher als dreifach behandelte renoviert werden müssen.“

2.3.3 Tabellen

Tabellen sollten Sie in Ihren Angeboten als Werkzeug einsetzen, um Inhalte so zu strukturieren, dass man sie schnell und übersichtlich erfassen kann. Dies gilt insbesondere für Checklisten, Anforderungsmatrizen oder zusammenfassende Übersichten. Je umfangreicher oder komplexer die Zusammenhänge sind, desto eher bieten sich Grafiken oder Tabellen an, um eine bessere Verständlichkeit zu erreichen. Leser können die enthaltenen Informationen dadurch oft schneller aufnehmen und auch besser miteinander in Verbindung setzen, als dies bei einer rein textlich-linearen Darstellung möglich ist.

Beispiel

Anforderungsmatrizen zeigen durch grüne Häkchen, dass alle formellen Anforderungen erfüllt sind und verweisen zudem auf die entsprechenden Kapitel. Der Kunde erkennt schnell, dass seine Anforderungen rein formell erfüllt werden, und kann für eine detaillierte Auswertung an die für ihn besonders interessanten Stellen des Angebots springen. Auch diese Erleichterung fällt unter „kundenorientierte Textgestaltung“.

Übersichtstabellen zu Kapitelbeginn zeigen auf, welche Themen und Anforderungen ein Kapitel abdeckt. Ihre Verwendung bietet sich beispielsweise in Angeboten mit „Standardprodukten“ an, die eine größere Anzahl formeller Anforderungen abdecken – zum Beispiel im Rahmen einer größeren Ausschreibung.

▶ Bei der Arbeit mit MS Office ist es manchmal sinnvoller, eine Tabelle zunächst in Excel zu erstellen und „vorzuformatieren". Danach können Sie sie dann per copy and paste nach Word übertragen und dort an das finale Format anpassen. Insbesondere wenn zu Beginn der Arbeiten Umfang und Aufteilung der Tabelle noch nicht zu 100 % fix sind, ist dieses Vorgehen zu empfehlen.

2.3.4 Nutzenbasierte Bilduntertitel („Captions")

Aussagekräftige Bildbetitelungen sind eines der einfachsten und besten Stilmittel für das Erstellen überzeugender Angebotsdokumente. Und eines, das die Menschen am wenigsten benutzen. Die Bildunterschrift „Projektskizze" unter einer Projektskizze oder „Organigramm" unter einem Organigramm bieten keine zusätzlichen Informationen, hier wird wertvolle „Argumentationsfläche" verschenkt. Denn ähnlich wie bei der Zeitungslektüre gilt auch hier wieder: Unser Auge bleibt an Überschriften und an Bildern hängen. Diese Chance sollten wir nutzen und genau dort unsere schlagkräftigsten Argumente positionieren.

Daher: Überlegen Sie sich bitte, welche Argumente und welche Botschaften Sie mit Ihrer (hoffentlich auch inhaltlich aussagekräftigen) Grafik transportieren wollen. Fragen Sie sich weiterhin, welcher Kundenutzen damit verknüpft ist. Nehmen Sie diesen konkreten Nutzen dann mit in Ihre Betitelung auf. Was hat Ihr Kunde konkret von dem in der Grafik dargestellten Zusammenhang?

Sofern Sie eine saubere und durchgängige Nummerierung sicherstellen können, benötigen Sie übrigens keine darüber hinausgehenden Abbildungsverzeichnisse. Vergegenwärtigen Sie sich bitte, dass Sie keine wissenschaftliche Arbeit erstellen, sondern ein Verkaufsdokument – und sparen Sie sich diesen Schritt und die dafür nötige Zeit ganz einfach.

In Abb. 2.2 sehen Sie eine Organigramm-Betitelung bei einem Kunden, für den das Einhalten eines definierten Fertigstellungstermins absolute Priorität besitzt. Die Ausgestaltung der Grafik ist hier zweitrangig – viel wichtiger ist die Botschaft, die Sie unterhalb der Grafik vermitteln. Diese ist individuell auf den Kunden und seine Situation angepasst.

▶ Sie können sowohl Grafiken als auch Tabellen mit einer aussagekräftigen Betitelung versehen und eine durchgängige Nummerierung für beide verwenden.

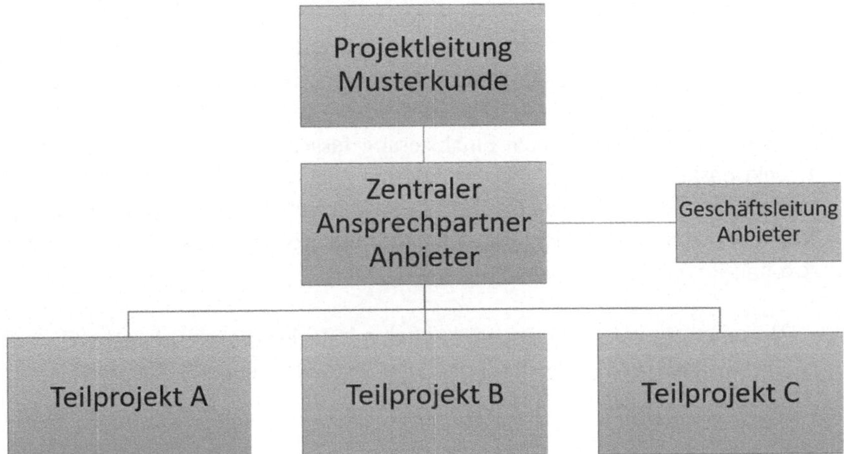

Abb. 2.2 Schneller Zugriff auf relevante Personen: Das Projekt profitiert von zügigen Entscheidungswegen und einer unbürokratischen Durchführung. Basis dafür sind eine flache Projekthierarchie und effektive Eskalationsmechanismen

2.3.5 Textboxen

In Fachbüchern finden Sie manchmal Textboxen, die das Wichtigste eines Kapitels nochmals in Kürze zusammenfassen. Auch in Ihren Angeboten können Sie dieses Stilmittel wunderbar verwenden. Insbesondere bei längeren Kapiteln fassen Sie so die wesentlichen Elemente noch einmal leserorientiert am Ende zusammen (sogenannte „Review-Box“). Eine strukturierte Vorbereitung hilft Ihnen auch hier, den Nutzen und die Hauptaussagen eines jeden Textblocks prominent hervorzuheben, damit Ihr Angebot den Mehrwert sicher kommuniziert.

Und so geht's:

- Versehen Sie schon bei der Planung Ihres Dokuments die einzelnen Kapitel mit den jeweiligen Hauptaussagen und Schlüsselargumenten des entsprechenden Abschnitts. Diese platzieren Sie zunächst in Textboxen am Beginn(!) des Kapitels. Ihr Vorteil: Sie behalten die Übersicht.
- Bei Arbeiten im Team stellen Sie zudem sicher, dass jedes Team-Mitglied immer weiß, welcher tiefere Sinn hinter einem Detailabsatz steht.

- Sie oder Ihre Team-Mitglieder ergänzen nach Abschluss eines Kapitels dann in einer Textbox jeweils noch die wichtigsten Fakten zu den dargestellten Inhalten, z. B. zu den technischen Bestandteilen, die im Abschnitt beschrieben werden.
- Im Rahmen der Dokumenten-Finalisierung fassen Sie die nutzenorientierten Redaktionshinweise und die wichtigsten Fakten zu kurzen Statements zusammen und verschieben Sie ans Ende des jeweiligen Kapitels. Im Ergebnis haben Sie eine nutzenorientierte Klammer um jeden Abschnitt, die aus Leittext und Review-Box besteht.

▶ Versehen Sie vor allem längere Kapitel, mit Review-Boxen und geben Sie so dem jeweiligen Abschnitt eine verkaufsorientierte Klammer, bestehend aus Leittext und Review-Box.

2.3.6 Marginalien

Marginalien können Sie in ganz ähnlicher Weise einsetzen wie Textboxen. Marginalien benutzen Sie aber nicht pro Kapitel, sondern abschnittsweise oder punktuell. Leser, die unter Zeitdruck stehen, oder solche, die sich nur eine kurze Übersicht verschaffen wollen, müssen dann nicht mehr jeden Abschnitt Satz für Satz durcharbeiten, sondern können sich an den Textboxen entlanghangeln. Zudem helfen Sie Ihrem Leser, die Übersicht zu behalten oder für ihn wichtige Informationen in längeren Kapiteln schneller wieder aufzufinden.

2.3.7 Zitate

Überzeugende Botschaften kommunizieren einen Nutzen und schaffen zugleich Vertrauen. Vertrauen erzeugen Sie unter anderem über Referenzen. Nun können Sie aber nicht an jeder Stelle Ihres Textes umfangreich auf Referenzen hinweisen. Dies würde deplatziert, im Zweifel sogar anbiedernd wirken und zudem auch den Lesefluss stören. Was Sie aber elegant einfließen lassen können, sind passende Zitate von zufriedenen Kunden, die etwas Wesentliches zu exakt dem Thema geäußert haben, um das es in Ihrem jeweiligen Textabschnitt geht. Idealerweise ergänzen Sie noch einen ganz kurzen Hinweis, in welchem Kapitel Ihr Kunde die ausführliche Referenz zu der getätigten Aussage findet.

Beispiel

Sie beschreiben einen Lösungsbaustein, mit dem Ihr Kunde sein System deutlich schneller startbereit machen kann, als dies derzeit der Fall ist. Sie ergänzen in einer Textbox des entsprechenden Abschnitts das folgende Zitat aus einer passenden Referenz:

„Wir haben mit dem Parametrisierungs-Tool Happy-Start die Setup-Zeiten um über 30 % gesenkt."

(Dr. Ing. XXX, Geschäftsführer REFERENZKUNDE; ausführliche Referenz im Anhang A.3)

2.4 Stil und Satzbau: Kundenorientiert, griffig und überzeugend formulieren

Im Laufe der letzten Jahre habe ich weit über tausend verschiedene Angebote aus unterschiedlichen Branchen gesehen. Dabei sind mir auch immer wieder Stilblüten begegnet, bei denen man denkt: „Das kann die Person so nicht wirklich gemeint haben." Folgende Bespiele machen nachdenklich:

Beispiel

- AKüFi – Abkürzungsfimmel: „Im Rahmen des Projekts stellt der AN dem AG einen PL als SPOC zur Verfügung."
- Passiv-Konjunktiv-Konstruktion für maximale Überzeugungsminimierung: „Es werden folgende Änderungen vorgeschlagen, damit die Meilensteine in der Theorie noch gehalten werden können."
- Beeindrucken statt überzeugen: „Um die Risiken optimal zu mitigieren, kandidiere ich Herrn Müller für dieses Projekt nach."
- Unglücklich missverständlicher Bezug: „Wir lösen Probleme durch den Einsatz von Software-Entwicklern."
- Hyperlativ, zur Sicherheit gleich zweimal: „Die einzigste Möglichkeit, die jeweils aktuellsten Daten mit zu berücksichtigen."

Wir alle sind nicht davor gefeit, uns unglücklich auszudrücken. Insbesondere dann, wenn Zeitdruck und Stress groß sind, unterlaufen uns sprachliche und schriftsprachliche Fehler. Nichtsdestotrotz sind die vermeintlich auf den ersten Blick lustigen Stilblüten ein wichtiger Hinweis darauf, dass Sie sich immer noch einmal die Zeit nehmen sollten, um das Geschriebene mit etwas Abstand zu lesen. Im Optimalfall sollte eine Nacht dazwischen liegen, selbst im schlechtesten Fall aber mindestens eine Kaffeepause.

Typische Kategorien, in denen immer wieder Fehler passieren, finden Sie im Folgenden zusammen mit einigen Beispielen, wie Sie es besser machen können:

Bilden Sie aktive statt passiver Sätze
So nicht:

- Es wird eine Inspektion durchgeführt.
- Vorab muss ein Grobkonzept beigesteuert werden.
- Vor der Abnahme des Projekts wird eine Benutzerdokumentation erstellt.

Besser so:

- FIRMA *führt* eine Inspektion durch.
- KUNDE *steuert* vorab ein Grobkonzept bei.
- Vor der Abnahme des Projekts *erstellt* FIRMA eine Benutzerdokumentation.

Formulieren Sie spezifisch und nennen Sie Zahlen, Daten und Fakten
So nicht:

- FIRMA beginnt mit den Arbeiten zeitnah nach der Auftragserteilung.
- Durch den Einsatz der neuen Suchtechnologie erfolgen Suchabfragen deutlich schneller.
- Herr Meier hat in den letzten Jahren mehrere vergleichbare Projekte durchgeführt.

Besser so:

- FIRMA beginnt mit den Arbeiten *zwei Wochen* nach der Auftragserteilung.
- Durch den Einsatz der neuen Suchtechnologie erfolgen Suchabfragen *bis zu 20 %* schneller.
- Herr Meier hat in den letzten *fünf* Jahren *sechs* vergleichbare Projekte durchgeführt.

Schreiben Sie im Präsens und nicht im Futur
So nicht:

- Unser Mitarbeiter wird sich um Ihr Anliegen kümmern.
- Die Service-Koordination wird jedes Ticket auf Vollständigkeit überprüfen.
- Ihre neue Haustür wird einbruchssicher sein.

Besser so:

- Unser Mitarbeiter *kümmert* sich um Ihr Anliegen.
- Die Service-Koordination *überprüft* jedes Ticket auf Vollständigkeit.
- Ihre neue Haustür *ist* einbruchssicher.

Verzichten Sie auf Konjunktive
So nicht:

- FIRMA kann mit den Arbeiten zwei Wochen nach der Auftragserteilung beginnen.
- Es würde sich folgender Zeitplan ergeben.
- Wir können Kooperationen mit über 15 Partnern nutzen.

Besser so:

- FIRMA *beginnt* mit den Arbeiten zwei Wochen nach der Auftragserteilung.
- Es *ergibt* sich folgender Zeitplan.
- Wir *kooperieren* mit über 15 Partnern.

Verwenden Sie kurze und prägnante Sätze
So nicht:

- Sie erhalten von uns ein umfangreiches Servicepaket, das Räderwechsel, Inspektion und Innenreinigung umfasst und das Sie zudem noch mit anderen Aktionen, zum Beispiel mit unserem Ersatzfahrzeug, das Sie, am Tag der Inspektion, bis zu einer Strecke von 50 km Gesamtfahrleistung kostenfrei nutzen können, kombinieren können.

Besser so:

- Sie erhalten von uns ein umfangreiches Servicepaket. Es umfasst Räderwechsel, Inspektion und Innenreinigung. Sie können es zudem noch mit anderen Aktionen kombinieren. Zum Beispiel mit unserem Ersatzfahrzeug. Dieses nutzen Sie am Tag der Inspektion bis zu einer Strecke von 50 km Gesamtfahrleistung kostenfrei.

Formulieren Sie aus Kundenperspektive und sprechen Sie den Kunden an
So nicht:

- Wir haben bereits mehr als 15 vergleichbare Projekte umgesetzt, sodass wir ein erfahrener Umsetzungspartner sind.
- Wir hinterlassen Ihre Räumlichkeiten sauber und ordentlich.
- Unsere Lösung beinhaltet …

Besser so:

- *Sie* arbeiten mit einem erfahrenen Umsetzungspartner zusammen, der bereits mehr als 15 vergleichbare Projekte erfolgreich umgesetzt hat.
- *Sie* kehren in einen sauber und ordentlich hinterlassenen Raum zurück.
- *Ihre* Lösung beinhaltet …

Kein Denglisch und Vermeiden von Abkürzungen und Fachjargon
So nicht:

- Wir monitoren das System kontinuierlich.
- Die Fehler werden in einem Ticket-System getrackt.
- Das Produkt beinhaltet ein SN-Interface und kommt aus der Box mit…

Besser so:

- Wir *überwachen* das System kontinuierlich.
- Die Fehler werden in einem Ticket-System *nachverfolgt*.
- Das Produkt beinhaltet eine *Schnittstelle zu sozialen Netzwerken* und *enthält bereits im Auslieferungszustand* …

3 Optimale Vorbereitung: Was vor dem Schreiben zu tun ist

Vielleicht haben Sie sich selber schon einmal gefragt, wie es sein kann, dass einige Firmen regelmäßig Angebote pünktlich und in hoher Qualität abgeben und Mitarbeiter in anderen Unternehmen immer wieder im „Last-Minute-Chaos" versinken. Wir verlassen damit nun die handwerkliche Ebene und wenden uns den prozessualen und inhaltlichen Themen zu. Sie werden hier nicht direkt alle vorgestellten Best-Practices umsetzen können, da sich je nach Unternehmensgröße bereits mehr oder weniger starre Prozesse etabliert haben. Nehmen Sie die dargestellten Inhalte bitte trotzdem zum Anlass, die bestehende Situation in Ihrem Umfeld zu hinterfragen. Auch wenn Sie Angebote alleine erstellen, möchte ich Ihnen die Entwicklung eines für Sie passenden Standardvorgehens ans Herz legen. Ein routinierter Ablauf hilft Ihnen nämlich auch im kleinen Rahmen, schnell zu guten Ergebnissen zu kommen. Es liegt an Ihnen selbst, Ihren eigenen Professionalisierungsgrad zu steuern. Sie werden bei der Lektüre schnell merken, dass Sie sich in den folgenden Abschnitten mehr und mehr Ihrem Kunden und seinen Bedürfnissen zuwenden müssen.

▶ Versuchen Sie, die hier dargestellten theoretischen Best-Practices direkt in lebensnahe Anwendungsfälle zu überführen. Dies macht das dargestellte Wissen für Sie deutlich greifbarer, es bleibt sprichwörtlich mehr hängen und Sie haben einen direkten Transfer in die Praxis.

P. Hofstadt, *Professionelle Angebotserstellung,* essentials,
https://doi.org/10.1007/978-3-658-27056-8_3

3.1 Gute Vorbereitung ist die halbe Miete

Wenn Sie ein wirklich erfolgreiches Angebot schreiben möchten, dann kommen Sie nicht umhin, einige Dinge zu planen, bevor Sie mit dem Schreiben beginnen. Dazu gehören:

- Verbessern der Informationsbasis
- Buying-Center-Analyse
- Wettbewerbsanalyse
- Zeitplanung und Risikobetrachtung
- Angebotserstellung im Team

Verbessern der Informationsbasis
Vor dem Beginn der Schreibarbeiten sollten Sie eine gute Informationsbasis zu Ihrem Kunden, zum Markt und Wettbewerb und zu den gesamten Rahmenbedingungen des Angebotsprojekts sicherstellen und Fehlendes recherchieren. Bestenfalls sollten Sie schon vor dem ersten Federstrich darüber nachdenken, welche Textbausteine Sie gegebenenfalls verwenden können, welche Themen sich besser durch Grafiken als durch Fließtext darstellen lassen und welche Referenzen oder Kundenzitate Sie gegebenenfalls verwenden möchten.

In komplexen Angeboten, die sich über mehrere Runden ziehen, oder auch in Fällen, in denen Sie wissen, dass ein Bestandskunde eine Ausschreibung am Markt initiieren wird, kann es darüber hinaus sinnvoll sein, den Kunden im Vorfeld zu den Vorteilen der eigenen Lösung oder Dienstleistung zu beraten. Sie dürfen zwar die Ausschreibungskriterien nicht so „prägen", dass Sie vergaberechtliche Grundsätze verletzen, jedoch ist es sicherlich nicht verkehrt, Ihrem potenziellen Kunden zu verdeutlichen, warum Sie aus Ihrer Sicht und mit Ihrer Lösung der geeignete Partner sind.

In jedem Fall sollten Sie sich darüber im Klaren sein, was die eigentlichen Business-Treiber Ihres Kunden sind und wie sich seine Bewertungsprozesse und Bewertungskriterien zusammensetzen. Manche Kunden werden Ihnen diese Bewertungskriterien nicht verraten, sei es aus persönlichen, politischen oder rechtlichen Gründen. In diesem Falle müssen Sie auf Basis Ihrer Marktkenntnis mutmaßen. Wesentlich ist, dass Sie verstehen, welchen Einfluss die Zusammenarbeit mit Ihnen auf der Tagesarbeitsebene des Kunden sowie in Zahlen, Daten und Fakten ausmacht. Machen Sie sich bewusst: Niemand kauft eine Lösung oder Dienstleistung, nur weil diese Lösung oder Dienstleistung gut oder überzeugend ist. Es steht immer ein Bedarf dahinter. So schön, ausgereift oder professionell Ihre Lösung oder Dienstleistung auch sein mag, im Endeffekt ist sie für Ihren Kunden doch nur ein Mittel zum Zweck.

Buying-Center-Analyse
Sie sollten sich immer darüber im Klaren sein, wer aufseiten des Kunden alles im sogenannten „Buying Center“ sitzt. Folgende Fragen sind typisch:

- Wer sind die Schlüsselentscheider und wer sind weitere Stakeholder, die es zu berücksichtigen gibt?
- Welchen persönlichen Bezug haben die Beteiligten zum späteren Projekt?
- Welche Personen haben welche Motivationsanreize?
- Gibt es erkennbare Brüche oder Gräben zwischen den einzelnen Ansprechpartnern auf Kundenseite?
- Sind Personen beteiligt, die eine „Veto-Macht“ bezüglich Ihres Projekts besitzen, zum Beispiel weil Sie bestimmte Standards nicht auf Anhieb einhalten (Qualitätsbeauftragte, Prozessbeauftragte, IT-Leiter, Betriebsrat etc.)?
- Wer ist bei einem Abschluss mit Ihnen gegebenenfalls von negativen Auswirkungen betroffen und könnte Ihnen daher das Projekt vermiesen wollen? (Auch diese Personen müssen Sie in Ihrer Planung berücksichtigen.)

▶ Eine Kaufentscheidung wird selten nur auf Basis einer finanziellen Return-on-Investment-Analyse getroffen. Viel wesentlicher für einen erfolgreichen Verkaufsabschluss ist die Analyse des persönlichen „Kosten-Nutzen-Verhältnisses“ der einzelnen Entscheider bei einer gelungenen Zusammenarbeit. Der persönliche Nutzen kann sachlich motiviert sein (Zielerreichung, Zeitersparnis, Risikoreduktion, Vermeiden von Stressfaktoren), ebenso kann er aber auch (Macht-)politisch motiviert sein.

Wettbewerbsanalyse
Sie sollten sich im Klaren darüber sein, wer Ihre typischen und wer die potenziellen Wettbewerber im avisierten Projekt sind. Dabei ist es zweitrangig, ob Sie für einzelne Wettbewerber bereits „Battle Cards“ besitzen. Viel wichtiger ist es, dass Sie sich ein Bild davon machen, wie Ihr *Kunde* die einzelnen Wettbewerber wahrnimmt. Machen Sie sich auf dieser Basis für jeden einzelnen Angebotsbestandteil ein Bild davon, wo Ihre Stärken und auch Schwächen im direkten Vergleich zur Konkurrenz aus Sicht des potentiellen Auftraggebers liegen. Fassen Sie all diese Inhalte in einer sogenannten „Bietervergleichsmatrix“ zusammen (s. Abb. 3.1).

Im nächsten Schritt machen Sie sich detailliert ein Bild davon,

- welche Stärken Sie wie betonen,
- welche Schwächen Sie wie reduzieren (Vorwegnahme der möglichen Risiken und Zurechtlegen einer entsprechenden Argumentation),

Angebots- oder Wertungsbestandteil	Anbieter	Konkurrent 1	Konkurrent 2
Bestandteil A	**20 Punkte**	**25 Punkte**	**10 Punkte**
Stärken/Risiken	Exakt passende Referenzen (fachl.& meth.)	Hat den Kundenprozess mitentwickelt	-
Schwächen/Chancen	Keine Historie beim Kunden	Wird als bürokratisch wahrgenommen	Kein ausgereiftes Vorgehensmodell
Bestandteil B	**30 Punkte**	**30 Punkte**	**20Punkte**
Stärken/Risiken	...	...	...
Schwächen/Chancen	...	...	...
Bestandteil C	...	...	...
Bestandteil D	...	...	...
Gesamt	**90 Punkte**	**85 Punkte**	**60 Punkte**

Abb. 3.1 Eine Bietervergleichsmatrix gibt Ihnen eine Übersicht, wie Sie aus Kundensicht im Vergleich zu Ihrem Wettbewerb positioniert sind. Sie ist ein guter Ausgangspunkt für weitere strategische Überlegungen

- welche Schwächen der Konkurrenz (das sind Ihre Chancen) Sie wie ansprechen und
- welche Stärken der Konkurrenz (das sind Ihre Risiken) Sie wie ausgleichen.

Die so entstandene Liste beinhaltet Ihre „Strategy Statements", die Sie im weiteren Verlauf der Angebotserstellung in konkrete Botschaften und Textbestandteile umsetzen. Die Einschätzung des Vergleichs mit der potenziellen Konkurrenz sollte zudem auf Ihre Preisstrategie Einfluss nehmen.

Zeitplanung und Risikomanagement

Sie sollten in jedem Fall in Erfahrung bringen, welchen Zeitplan Ihr Kunde intern verfolgt. Wie dringend benötigt er das Angebot und welche Faktoren drängen ihn zu einem schnellen Abschluss? Bei öffentlichen Ausschreibungen gelten darüber hinaus natürlich formelle Fristen, die Sie beachten müssen, z. B. bezüglich einzureichender Bieterfragen oder bezüglich des Abgabetermins. Gleichen Sie diesen Zeitplan mit Ihrer initialen Planung ab und berücksichtigen Sie auch typische Risiken. Sie können sicherlich gut einschätzen, welche der beteiligten Personen im Zweifel noch eine Schippe drauflegen können und wer ohnehin schon komplett „unter Wasser" ist oder aus anderen Gründen nur zur Hälfte der Zeit eingeplant werden kann.

Sie sollten in diesem Kontext frühzeitig alle Risiken bewusst wahrnehmen, die mit der Angebotserstellung verknüpft sind. Während Unternehmen die Risiken des späteren Projekts in vielen Fällen bereits sehr professionell handhaben, bestehen zu den Risiken eines zeitgerechten und qualitativ hochwertigen Angebotsdokuments oft keine standardisierten Vorgehensweisen.

Machen Sie sich zur Risikoplanung Ihres Angebots-Projektes z. B. auch Gedanken dazu, auf welche Zulieferungen Sie angewiesen sind. Wie sicher ist die Zulieferung in der beabsichtigten Qualität und auch in der beabsichtigten Zeit? Können Sie jetzt schon absehen, dass es hier zu Verzögerungen kommen wird? Wie sieht es mit Ihrem eigenen Zeitplan aus? Haben Sie genügend Puffer eingeplant? Bitte bedenken Sie: Sie sollten möglichst vor der versprochenen Zeit und in höherer Qualität liefern, als der Kunde dies erwartet, um sich auch hier von der Konkurrenz abzuheben.

Angebotserstellung im Team

Lassen Sie uns zuletzt noch ein Blick darauf werfen, welche typischen Risiken Sie beachten müssen, wenn Sie in einem Team mit mehreren Mitarbeitern arbeiten. Angebotsteams setzen sich oft aus äußerst heterogenen Persönlichkeiten zusammen. Auf der einen Seite haben Sie dann den klassisch extrovertierten Verkäufer, der eher das große Ganze sieht und davon getrieben ist, das Projekt zum Abschluss zu bringen und dementsprechend im Zweifel dazu neigt, Risiken geringer einzuschätzen. Auf der anderen Seite sind Sie vielfach auf Zulieferungen und Kalkulationen aus den Fachbereichen oder der Technik angewiesen, die oft von sehr detailorientierten und in ihrem Fachgebiet äußerst erfahrenen Mitarbeitern erstellt werden. Diese Mitarbeiter müssen das spätere Projekt ausbaden, wenn es nicht sorgfältig kalkuliert und vorbereitet ist.

Sie haben es hier also nicht nur mit verschiedenen Menschentypen, sondern auch mit unterschiedlichen Motivationsanreizen zu tun. Wenn Sie in Ihrem Unternehmen noch keine Angebotsprozesse mit einem klaren Rollenmodell und eindeutigen Verantwortlichkeiten definiert haben, dann sollten Sie dies zeitnah tun. Und sofern es in Ihrem Unternehmen einen Angebotsprozess gibt, prüfen Sie doch einmal, wer die Verantwortung für die Erstellung eines qualitativ hochwertigen Dokuments besitzt und welche Zielkonflikte das derzeitige Vorgehen hemmen oder auch fördern.

Wichtig für die Arbeit am konkreten Projekt ist unabhängig von den etablierten Prozessen in jedem Fall, dass Sie die Schnittstelle zwischen den benannten Rollen oder Personen sauber moderieren. Sorgen Sie dafür, dass die zum Kunden vorhandenen Informationen von allen Beteiligten gleich verstanden werden, sodass Sie eine wirklich kundenorientierte Lösung anbieten können. Sorgen Sie dann dafür, dass die technischen Mitarbeiter oder fachlichen Experten diese

Lösung oder Dienstleistung so beschreiben, dass der Kunde sie auch versteht. Sie haben also die doppelte Herausforderung, die Kommunikationsschnittstelle nach innen und zugleich nach außen sauber zu moderieren.

3.2 Die inhaltliche Ebene: Erfolgreiche Botschaften entwickeln

Um wirklich erfolgreiche Botschaften zu vermitteln, die Ihren Kunden zum Kauf bewegen, sollten Sie auf der handwerklichen Ebene mehrere Dinge beachten und auch die dahinterstehenden theoretischen Konzepte kennen. Diese klingen zunächst zwar abstrakt, machen Ihnen das Leben aber deutlich leichter. Hervorzuheben sind hier:

- die saubere Unterscheidung zwischen Pflicht- und Kürkriterien (Compliance und Responsiveness),
- die präzise Unterscheidung von Leistung, Vorteil und Nutzen sowie
- die handwerklich korrekte Konzeption von Schlüsselbotschaften.

3.2.1 Nicht nur die Pflicht-, sondern auch die Kürkriterien erfüllen

Wenn Sie ein Angebot erstellen, dann sollten Sie alle vom Kunden formell geforderten Kriterien beachten. Insbesondere im Bereich der öffentlichen Vergabe laufen Sie sonst Gefahr, von der Wertung ausgeschlossen zu werden. Aber auch Kunden der Privatwirtschaft ziehen Rückschlüsse auf Ihre Professionalität und Transparenz, wenn Sie nicht auf alle geforderten Punkte eingehen. Sie müssen Ihrem Kunden also alle explizit geforderten Leistungsmerkmale liefern und dies in der Form tun, wie er sie beschrieben haben möchte. Oder geliefert haben möchte. Dieses Beachten aller formalen Kriterien, sowohl inhaltlich als auch in der Form der Abgabe, nennt man Erfüllung der Compliance-Vorgaben eines Angebots.

Unternehmen, die nur diese Pflichtkriterien beschreiben, sind zwar im formellen Sinne compliant, haben jedoch keinerlei Möglichkeit, sich vom Wettbewerb zu differenzieren. Wenn wir nur auf dieser Ebene bleiben würden, entschiede letztlich der Preis. Dies kann aber nicht in unserem Sinne sein.

Unternehmen, die über die Pflicht hinausgehen und im bildlich gesprochenen Sinne eine erfolgreiche Kür absolvieren, drücken mit ihrem Angebot eine Wertschätzung an den Kunden aus. Und dies auf der formellen wie auch auf der inhaltlichen Ebene. Sie müssen sich also Gedanken machen, mit welchen Kriterien Sie sich bei Ihrem Kunden vom Wettbewerb abheben. Dazu müssen Sie sowohl Ihren Kunden als auch den Wettbewerb kennen. Der dazu nötige Aufwand umfasst oft ein Vielfaches der für die Erfüllung der Pflichtkriterien notwendigen Tätigkeiten.

Ein Angebot, das entsprechend kundenorientiert und wertschätzend aufbereitet ist und das die individuellen Ängste, Nöte, Zweifel und Vorlieben der Entscheider berücksichtigt, nennt man responsiv. In den Bereich der „Responsiveness" fallen aber auch alle Aspekte, die dem Kunden die Arbeit mit Ihrem Angebot vereinfachen, also zum Beispiel Einleitungen, Übersichtsgrafiken oder eine besonders gut strukturierte Gliederung.

► Ein Angebot, das alle Pflichtkriterien erfüllt, also alle formell geforderten Aspekte, wird als „compliant" im Sinne der Formvorgaben bezeichnet. In Abgrenzung dazu wird die Erfüllung kundenorientierter Kürkriterien als „Responsiveness" bezeichnet. In diese Kategorie fallen alle Aspekte der Kundenorientierung und Wertschätzung, die über das rein Formale hinausgehen, also sowohl die inhaltliche Kundenorientierung als auch die einfachere Lesbarkeit und Auswertbarkeit eines Dokuments.

3.2.2 Leistung, Vorteil und Nutzen sauber unterscheiden

Um kundenorientierte Botschaften zu erstellen, die einen echten Mehrwert vermitteln, kommen Sie nicht umhin, Leistungsbestandteile, daraus resultierende Vorteile und den individuellen Kundennutzen präzise zu unterscheiden. Die drei Elemente unterteilen sich wie folgt:

Leistungselemente, sogenannte Features, sind einzelne, klar definierbare Bestandteile der Leistung oder des Produkts. Zum Beispiel der Preis, die Farbe, ein definierter Funktionsumfang, die Erreichbarkeit, Zeit etc. In Angeboten beschreiben Unternehmen oft nur diese technischen oder fachlichen Bestandteile. Sie sind zwar griffig und leicht zu beschreiben, bieten aber nur eine abstrakte Lösungsmöglichkeit. In der Konsequenz muss der Käufer sich selbst überlegen, welche Vorteile er von den einzelnen Leistungselementen hat. Der potenzielle Käufer kann sich diese Vorteile aber nicht so ausmalen, wie Sie ihm diese aufgrund Ihres Wissensvorsprungs schmackhaft machen können. Teilweise würde er im Traum nicht auf die mit der Beauftragung verbundenen Mehrwerte kommen, da er einfach nicht den tiefen Einblick hat, den Sie als Anbieter besitzen. Um dies zu vermeiden, sollten Sie Leistungselemente immer mit dem daraus entstehenden Nutzen für den Kunden verbinden. Bei der Anordnung von Leistung und Nutzen in einem Satz sollten Sie zudem den Nutzen nach vorn stellen. Die folgenden Beispiele sind eher leistungsfokussiert und besitzen daher nur eine geringe Verkaufsstärke:

Beispiele

- Umstellung von Magnetbändern auf eine moderne Speicherlösung.
- Über 1000 km mit nur einer Tankfüllung.
- Genaue Hohlraum- und Wandstärkendefinition im 3D-Druck-Verfahren.

Wenn Sie sich dem Kunden inhaltlich zuwenden, können Sie dies in verschiedenen „Präzisionsstufen" tun. Auf der ersten Ebene stehen dabei die „allgemeinen Kundenvorteile", die typischerweise für die Zielgruppe des Kunden zutreffen. Diese sogenannten „Advantages" beschreiben, wie eine Leistung möglicherweise helfen kann. Sie finden sie oft in Werbebroschüren, z. B. „Der schnellste seiner Klasse", „30 % effizienter als sein Vorgänger" etc.

Advantages sind aber eben nur allgemeine Vorteilsbeschreibungen. Sie bewegen sich auf der Ebene der Zielgruppenadressierung. Sie werden dann zu kundenindividuellen Vorteilen, also konkreten „Benefits", wenn Sie genau wissen, dass die Vorteile ein bedeutendes Kundenproblem lösen. Und auch erst dann werden sie für den Kunden zu entscheidungsrelevanten Punkten.

In Abgrenzung zu Advantages, die oft in der Werbung vorkommen und bei denen 1:n-Kommunikation stattfindet, handelt es sich bei dem konkreten individuellen Kundennutzen um eine 1:1-Kommunikation. Um entscheiden zu können, wie Sie ein Produkt oder einen Leistungsbestandteil in Benefit-Form aufbereiten, müssen Sie Ihre Argumentation also auf das Problem und den konkreten Schmerz des Kunden hin ausrichten. Benefits sind also direkt mit der Problemlösung verknüpft und zeigen einen Mehrwert konkret auf. Sie haben den größten Einfluss auf eine Kaufentscheidung. Die folgenden Beispiele enthalten konkrete Nutzenformulierungen, besitzen daher also eine relativ hohe Verkaufsstärke:

Beispiele

- Entlastung der derzeit angespannten Personalsituation um ca. 10 Stunden pro Monat und Niederlassung (durch Wegfall aller mit den Magnetbändern verbundenen Arbeitsschritte).
- Finanzielle Ersparnis von rechnerisch über 100 € im Monat allein für die mit dem Auto zurückgelegten Pendelstrecken zur Arbeit.
- Maximale Sicherheit (durch die höchste Stabilität aller verglichenen Materialien und Fertigungsarten).

▶ Wenn Sie das Gefühl haben, dass Ihre Argumentation zu „schwammig" oder zu werblich klingt, bewegen Sie sich vielleicht nicht auf der Ebene des konkreten Benefits (Kundenorientierung), sondern noch auf Ebene des allgemeinen Advantages (Zielgruppenorientierung). Prüfen Sie noch einmal, ob Sie einen konkreten, messbaren Schmerz erkannt haben und diesen Schmerz ebenso konkret adressieren. Sie sollten in der Lage sein, die relevante Messgröße Ihres Kunden für Schmerz bzw. Erfolg zu benennen, zum Beispiel Kosteneinsparungen in Euro, Geschwindigkeitszuwachs in Minuten pro Tag oder Output-Steigerung in Prozent.

3.2.3 Schlüsselbotschaften entwickeln

Wenn sie in der Lage sind, die Unterscheidung zwischen Feature, Advantage und Benefit sauber zu treffen, sollten Sie auch in der Lage sein, Ihr Nutzen-Leistung-Bündel in handwerklich einwandfreier Form zu erstellen. Dies ist ein erster Schritt zum überzeugenden Kaufargument, doch die Bündelung allein ist noch nicht ausreichend. Denn auch wenn Sie nun ein positives und schlagkräftig klingendes Nutzenversprechen formuliert haben, wird Ihr Kunde sich fragen, wie er Ihnen denn glauben kann, dass Sie das Versprochene auch einzuhalten in der Lage sind. Salopp gesagt wird er Sie fragen: „Das klingt ja alles gut und schön, aber wie kann ich Ihnen denn glauben, dass das dann so auch kommt, wie Sie es mir versprochen haben?"

Was Ihnen an dieser Stelle fehlt, ist eine Beweisführung für Ihre Leistungsfähigkeit. Wenn Sie diese Beweisführung für jedes einzelne Paar aus Nutzen und Leistung auf der gleichen Flughöhe nachreichen, erhalten Sie sogenannte Schlüsselbotschaften. Als Beweis taugt dabei alles, was Sie Ihrem Kunden auf die oben imaginär gestellte Frage antworten. Also zum Beispiel Referenzen oder Success Stories, Testimonials, Zertifikate, Berichte in Fachzeitschriften oder auch die Angaben des Herstellers zu bestimmten Qualitätsmerkmalen. Ebenso können Sie hier einen passenden Teil Ihrer Unternehmensvision oder einen organisatorischen Schwerpunkt Ihres Unternehmens anführen, der exakt in diesem Umfeld umfangreiches Know-how aufgebaut hat. Referenzen vergleichbarer Kunden besitzen unter allen genannten Elementen die höchste Überzeugungskraft.

Eine überzeugende Schlüsselbotschaft enthält somit drei Komponenten:

1. Leistung: Was bietet Ihr Unternehmen ganz konkret an? Hier beschreiben Sie die formellen Leistungselemente.
2. Nutzen: Welcher individuelle Nutzen entsteht also für Ihren Kunden? Gehen Sie dabei von Sprache, Flughöhe und Blickwinkel Ihres Kunden aus und beschreiben Sie ganz konkret, wie Ihr Kunde vom Leistungselement profitiert. Die Zielgröße sollte dabei eine für den Kunden messbare Variable sein.
3. Beweis: Wie beweisen Sie, dass Sie das Nutzenversprechen auch einhalten können? Der Beweis ist dabei nicht als mathematisch korrekte Herleitung zu verstehen, sondern bewegt sich auf der psychologischen Ebene.

Wir befinden uns nach wie vor noch in der Vorbereitungsphase eines Angebots. Somit gilt: Schlüsselbotschaften sollten Sie vor Beginn Ihrer Schreibarbeiten entwickelt haben. Im Optimalfall nutzen Sie die entwickelten Schlüsselbotschaften dann sowohl für das Angebot als auch für eine Präsentation im Haus Ihres Kunden und stellen so eine konsistente Kommunikation und eine durchgängige Nutzenwahrnehmung seitens Ihres Kunden sicher. Zudem bilden Ihre Schlüsselbotschaften die Basis, um Grafikelemente, nutzenbasierte Bilduntertitel, passende Zitate oder auch sprechende Überschriften zu entwickeln bzw. zu recherchieren. Das folgende Beispiel enthält eine vollständige Schlüsselbotschaft:

Beispiel

- Leistung: Umstellung von Magnetbandsicherung auf eine moderne Backup-Lösung.
- Nutzen: Beschleunigung der Backup- und Wiederherstellungsprozesse um 300 % und damit Einsparung von ca. 75 Personenstunden pro Jahr.
- Beweis: Ähnlich erfolgreiche Etablierung des neuen Verfahrens beim vergleichbaren Kunden Mustermann GmbH.

3.3 Pyramidal konzipieren: Argumente und Botschaften strukturiert in einen Text überführen

Barbara Minto beschreibt in ihrem Buch *Das Prinzip der Pyramide* (Minto 2005) einen hervorragend für Angebote geeigneten Weg, komplexe Informationen kundenorientiert und übersichtlich aufzubereiten. Sie fordert, dass Sie den Leser nicht auf eine gemeinsame Entdeckungsreise mitnehmen, in der Sie beim Schreiben des Angebots selbst noch nicht genau wissen, was am Ende dabei herauskommt, sondern von der Hauptaussage auszugehen, und dann abzuleiten, was nötig ist, um zur Erfüllung dieser Aussage zu gelangen. Das klingt zu abstrakt? Lassen Sie mich Ihnen ein Beispiel geben:

Beispiel

Stellen Sie sich vor, Ihr zehnjähriger Sohn stürmt in das Wohnzimmer und sagt so etwas wie: „Gestern hast du mir nicht das Ladekabel für mein Handy gegeben! Und außerdem war auf dem Schulbrot heute keine Leberwurst, sondern Käse und der war voll ekelhaft! Und vorgestern in der Stadt, da haben wir gar kein Eis gegessen, obwohl du es uns versprochen hast. Also aus all diesen Gründen räume ich die Spülmaschine heute nicht aus.“

Was ist hier passiert? Sie wissen höchstwahrscheinlich bis zum letzten Satz noch nicht, worum es eigentlich geht und worauf Ihr Sohn hinaus will. Viel klarer wäre die Aussage doch, wenn sie wie folgt formuliert wäre:

„Ich werde die Spülmaschine heute nicht ausräumen. Hier sind meine Gründe:

- Du hast mir das Ladegerät für mein Handy nicht gegeben.
- Auf meinem Schulbrot war Käse statt Leberwurst.
- Vorgestern in der Stadt haben wir kein Eis gegessen, obwohl du es versprochen hast.“

Der große Unterschied zwischen den beiden Beispielsätzen ist, dass Sie in der ersten Anschuldigung zunächst mit Ihren Mutmaßungen, was Ziel und Rahmen des Gesprächs ist, alleingelassen werden. Sie müssen sich den Kontext also selbst herleiten. Die zweite Anschuldigung beginnt hingegen mit der Hauptaussage und lässt die Beweisführung folgen. Sie sind daher beim zweiten Beispiel sofort im Bilde, worum es geht.

Was lernen wir daraus? Zuhörer und auch Leser von Angeboten verstehen hierarchisch strukturierte Elemente deutlich besser als sequentiell erzählte Geschichten. Zudem prägen geordnete Strukturen sich auch besser ein, denn sie stellen logische Verknüpfungen einfach und nachvollziehbar da. Dies ist bei der Übertragung auf Angebote umso wichtiger, da Ihr Kunde hier einen fachfremden Inhalt vor sich hat, den er erst einmal verstehen muss. Je leichter Sie ihm dieses Verständnis gestalten, desto eher ist er geneigt, Ihren Argumenten zu folgen. Abb. 3.2 enthält beispielsweise die Argumentationsstruktur für eine Tischlerei, die eine neue Eingangstür für ein Ladenlokal anbieten möchte. Diese Argumentationsstruktur muss nun lediglich noch in eine Angebotsstruktur überführt werden. In gleicher Weise können Sie auch komplexe Angebote strukturieren, denn fast immer lassen sich die wesentlichen Entscheidungskriterien im Wettbewerb auf ein überschaubares Set von Argumenten herunterbrechen.

Wir sollten uns diese pyramidale Art zu argumentieren also für Angebote zunutze machen, um unseren Kunden Wertschätzung gegenüber zu erbringen (leichteres Verständnis) und um dafür zu sorgen, dass Kunden sich auf die dargestellten Mehrwerte konzentrieren können, anstatt sich die ganze Zeit zu fragen, worauf der Angebotsschreiber denn hinaus will.

Machen Sie sich bitte bewusst: Menschen können im Schnitt nur fünf bis sieben verschiedene Elemente gleichzeitig im Kopf behalten. Ab einer Grenze von sieben Elementen sind die meisten Menschen dazu gezwungen, Hierarchien oder Cluster zu bilden und Elemente miteinander zu verknüpfen, um sie zu behalten.

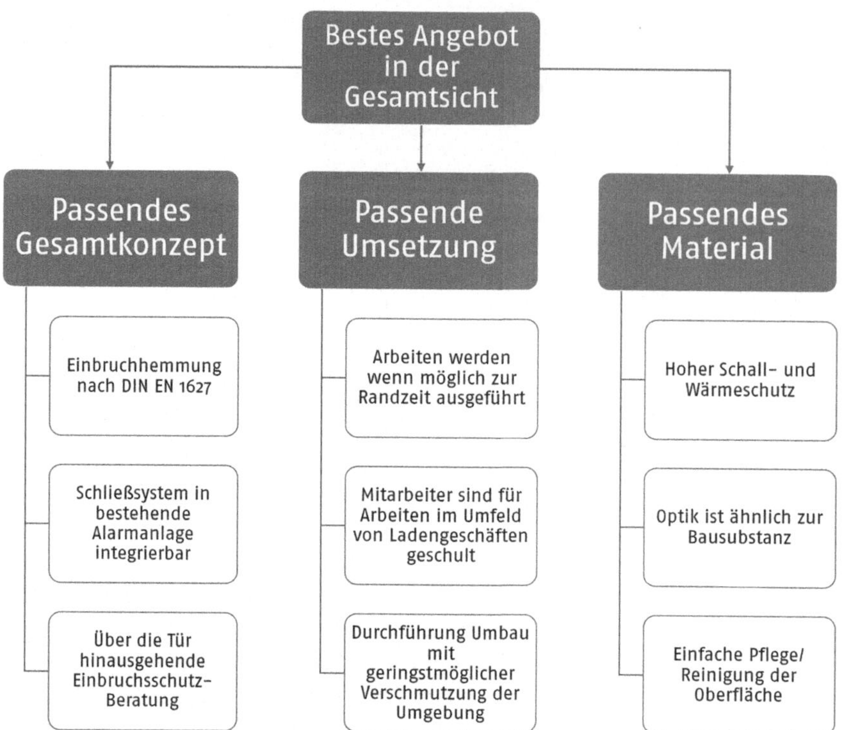

Abb. 3.2 Beispiel für den pyramidenförmigen Aufbau einer Argumentation: Wenn Sie Ihre Argumentation in dieser Form in ein Angebot oder eine Präsentation überführen, erhalten Sie ein besseres Verständnis und mehr Überzeugungskraft

Für unsere Kommunikation zum Kunden bedeutet dies, dass wir ebenfalls allerspätestens ab einer Grenze von sieben Elementen Hierarchien bilden sollten – noch besser aber bereits ab einer Grenze von drei Elementen.

Um so zu kommunizieren, dass unser Zuhörer oder Leser unsere Argumente versteht und behält, listen wir künftig also nicht alle Detailargumente sequenziell auf, sondern beginnen bei unserer zentralen Aussage. Danach führen wir die drei bis fünf Gründe auf, mit denen wir unser Hauptargument begründen. Diese Gründe detaillieren wir in der Folge weiter aus.

▶ Beginnen Sie auch bei einer Kundenpräsentation oder bei einem Gespräch mit Ihrem Vorgesetzten oder sogar im privaten Rahmen stets mit dem Hauptargument. Führen Sie dann alle Hauptpunkte der nächsten Argumentationsebene einmal kurz an (ähnlich wie bei einer Einleitung) und detaillieren Sie erst danach jeden Punkt für sich aus. Dies hilft Ihrem Gegenüber, das große Ganze zu verstehen und den Detailargumenten leichter zu folgen.

Unser Gehirn sortiert Informationen automatisch in pyramidenförmig angeordnete Strukturen, es clustert sozusagen die jeweils vorhandenen Information. Dies ist für unser Gehirn der einfachste Weg, um von einer unüberschaubaren Menge an Informationen zu einem schnell zu behalten Muster mit wenigen Elementen zu gelangen. Wir machen also aus neun unstrukturierten Informationen nicht neun anders strukturierte Informationen, sondern dreimal drei zusammengehörige Informationen. Und drei mal drei Elemente sind leichter zu behalten als neun Elemente.

Eine verständliche und professionelle Kommunikation erhöht die professionelle Außenwirkung und sorgt damit auf der psychologischen Ebene für mehr Vertrauen. Zudem hilft eine leicht verständlich und eingängige Argumentation auch Ihrem Ansprechpartner im Hause des Kunden dabei, innerhalb seiner Organisation strukturiert und überzeugend für das avisierte Projekt zu werben, zum Beispiel bei potenziellen Projektsponsoren oder dem finalen Entscheider.

3.4 Fluch und Segen von Textbausteinen

Es gibt Bereiche in Angeboten, in denen Sie problemlos Textbausteine verwenden können. Dazu gehören Ihre Firmendarstellung oder ein bestimmtes Standardvorgehen, das Sie kundenunabhängig in der immer gleichen Form durchführen und das Ihren Kunden vielleicht sogar bereits bekannt ist. Ebenso sind Textbausteine auf der Ebene der detaillierten Produktinhalte verwendbar, wenn Sie zuvor explizit den Bezug zwischen dem Produktdetail und dem daraus erzeugten individuellen Kundennutzen hergestellt haben. Für alle anderen Fälle sollten Sie die in diesem Abschnitt beschriebenen Risiken der Verwendung von Textbausteinen genau prüfen und im Zweifel lieber auf Nummer sicher gehen.

3.4.1 Zwischen Zeitersparnis und Kundenfokus

Warum erscheinen Textbausteine so oft als die ultimative Lösung unserer Angebotsprobleme? Ist es wirklich klug, auf einen geschliffenen Text zurückzugreifen, der nichts aber auch gar nichts mit unserem Kunden und seinem individuellen Problem zu tun hat? Und der vielleicht sogar aus einem alten Angebot stammt? Natürlich – für individuelle Texte sind wir gezwungen, uns wirklich kundenspezifische Gedanken zu machen. Und das kostet Zeit und Energie. Aber wenn Sie bedenken, dass eingesetzte Bausteine noch inhaltlich angepasst, gekürzt oder erweitert, strukturell umgeschrieben und am Ende säuberlich redigiert werden müssen, liegt dann nicht vielleicht ein Trugschluss vor, wenn wir wirklich glauben, dass die Verwendung von Textbausteinen tatsächlich Zeit spart?

Auch eine Textbaustein-Datenbank erscheint Manchem als lohnendes Ziel. Doch auch hier gilt: Wer meint, Texte einfach nur einfügen zu müssen, der hat den Mehrwert eines überzeugend geschriebenen Angebots nicht verstanden. Eine Datenbank kann – richtig eingesetzt – sicher sinnvoll sein, aber sie nimmt einem nicht die eigentliche Arbeit der kundenindividuellen Argumentation ab.

▶ Sie können einen kundenindividuellen Text zu einem kundenindividuellen Problem niemals durch einen Textbaustein in gleichwertiger Form ersetzen. Die Annahme, dass Textbausteine Zeit sparen ist zudem oft ein Trugschluss, denn das Individualisieren vorhandenen Materials ist komplexer, als es auf den ersten Blick erscheint. Auch die Verwendung einer Textbaustein-Datenbank nimmt uns nicht die eigentlich zeitraubende Arbeit der individuellen Argumentation und Konzeption ab.

3.4.2 Typische Risiken von Textbausteinen

Ich möchte Sie natürlich nicht davon abhalten, Ihre bisher verwendeten Bausteine auch in Zukunft zu benutzen. Sie sollten sich aber über die folgenden, typischen Risiken von Textbausteinen im Klaren sein:

- Risiko 1: Ihr Kunde fühlt sich nicht verstanden bzw. nicht ernstgenommen.
- Risiko 2: Ihr Text trifft nicht die Nöte bzw. Bedürfnisse des Kunden.
- Risiko 3: Ihr Kunde erhält zu viele, zu wenige oder unpassende Details.

Risiko 1: Ihr Kunde fühlt sich nicht verstanden bzw. ernstgenommen
Wenn Sie Ihrem Kunden den Eindruck vermitteln, dass Sie ihn nicht verstanden haben, dann befinden Sie sich in einer schlechten Position, um eine Dienstleistung oder ein Produkt zu verkaufen. Denn in diesem Fall werden Sie aus seiner Sicht auch nicht in der Lage sein, sein individuelles Problem zu lösen.

Dieses Problem kann beispielsweise auftreten, wenn Sie Textbausteine aus fachlich oder technisch identischen Alt-Angeboten für Ihre jetzige Angebotssituation verwenden. Und dieses Vorgehen gehört in vielen Unternehmen nach wie vor zum Standard.

Doch warum genau entsteht daraus ein Problem? Ganz einfach: Weil auch bei fachlicher oder technischer Gleichheit der Lösung die geschäftliche Ausgangssituation und die individuelle Problemlage eines Kunden fast immer eine andere ist als beim letzten (für Sie als Anbieter „vergleichbaren") Fall. Zumindest ist dies aus Sicht des Kunden so! Und weil es für den Kunden so ist, muss auch die Beschreibung des individuell entstehenden Mehrwerts eine andere sein als beim letzten Kunden. Denn dieser Mehrwert ist ja genau der Grund, weswegen Ihr jetziger Kunde Ihr Angebot annehmen soll.

Noch einmal: Wenn Ihr Kunde das Gefühl hat, Sie haben ihn nicht verstanden, dann wird er Ihnen keinen Auftrag erteilen, auch wenn Sie aus lösungsfachlicher oder technischer Sicht ein vollkommen einwandfreies Angebot abgegeben haben. Und diese Gefahr entsteht immer dann, wenn Sie unpersönliche oder – noch schlimmer – kontextfremde Textbausteine verwenden.

Aber vielleicht haben Sie ja Glück und Ihr Kunde meldet sich mit Rückfragen bei Ihnen oder Sie bekommen in einer Präsentation vor Ort die Gelegenheit, Missverständnisse und Unklarheiten auszuräumen. Verlassen sollten Sie sich auf dieses Glück jedoch nicht.

Noch schlimmer kann es Sie übrigens treffen, wenn Ihr Kunde sich nicht ernstgenommen fühlt. Zum Beispiel, weil bestimmte Teile Ihres Angebots dank unpassender Bausteinen ganz offenkundig nicht zum Vorgespräch oder der geschilderten Problemlage passen. Möglicherweise können Sie die Schuld hier auf die hausinterne „Angebotserstellung" schieben. Dann bleibt lediglich der schale Beigeschmack, dass die Prozesse in Ihrem Unternehmen nicht zu stimmen scheinen. Im schlimmsten Fall aber wird Ihrem Kunden das Vertrauen in die Ernsthaftigkeit Ihrer Lösungsbestrebungen abhandenkommen, und dann verlieren Sie nicht nur diesen Deal, sondern auch zukünftiges Geschäft.

Risiko 2: Ihr Text trifft nicht die Nöte bzw. Bedürfnisse des Kunden

Wenn Sie Ihren Kunden zwar überzeugen können, dass Sie seine Ausgangslage verstanden haben, die von Ihnen verwendeten Bausteine aber in seinen Augen nicht die daraus resultierenden Probleme adressieren, dann verliert Ihr Kunde zwar nicht das Vertrauen in die Ernsthaftigkeit Ihrer Bemühungen. Die Wahrscheinlichkeit auf einen Abschluss sinkt aber trotzdem. Denn in seinen Augen passt die angebotene Lösung dann einfach nicht zum Problem. Auch in diesem Fall werden Sie in einigen Fällen eine Absage erhalten, die schlicht überflüssig ist.

Diese Konstellation tritt typischerweise dann zutage, wenn Sie viel Mühe darauf verwenden, im Angebots-Summary, dem Anschreiben oder der Einleitung einen individuellen Text zu erstellen, dann aber für die technischen Details auf generische Produktbeschreibungen zurückgreifen. Wenn Ihr Kunde Sie beauftragt dann tut er dies zumeist, weil Sie in einem bestimmten Bereich einen Informationsvorsprung besitzen. Anders gesagt: Sie wissen etwas, das Ihr Kunde nicht so gut weiß oder beherrscht wie Sie. Zum Beispiel kennen Sie die Lösungsfähigkeiten Ihres Produkts oder Services deutlich besser als Ihr Kunde. Es ist Ihre Aufgabe, diese Lücke zu überbrücken. Tun Sie das nicht und werfen Ihrem Kunden stattdessen generische Produkt- oder Lösungsbeschreibungen vor die Füße, damit er sich seinen Mehrwert selbst konstruiert, dann wird Ihr Kunde die Lücke nicht für Sie schließen. Denn dazu ist er nicht in der Lage. Er kann sich den Mehrwert in vielen Fällen schlicht und einfach nicht herleiten, auch wenn uns als Experten die Zusammenhänge vollkommen offensichtlich erscheinen.

Risiko 3: Ihr Kunde erhält zu viele, zu wenige oder unpassende Details

Ein weiteres Risiko bei der Verwendung von Textbausteinen ist die falsche „Flughöhe" eines Textes. Sie sollten in den meisten Fällen wissen, wer Ihr Angebot auf der Gegenseite liest und bewertet. Ist es der Fachbereich? Ist es der Einkauf? Ist es die IT? Oder vielleicht die Geschäftsführung? Abhängig von den Adressaten und deren persönlichen Vorstellungen zur Detailtiefe müssen Sie auch die Flughöhe Ihres Angebots variieren oder verschiedene Bereiche für verschiedene Zielgruppen individuell aufbereiten. Auch das können Sie nur schlecht, wenn Sie ungeprüft auf das letzte Angebot zurückgreifen, in dem Sie die gleiche Technik beschrieben haben. Denn möglicherweise war die Zielgruppe im Hause des letzten Kunden eine ganz andere,

Zu wenige, zu viele oder unpassende Details führen auch hier wieder nicht zu der Klarheit und Präzision, die Top-Angebote auszeichnen. Im einen Fall erscheint Ihr Angebot zu generisch und zu unpräzise, im anderen gehen die für den Entscheider wesentlichen Punkte unter oder werden durch irrelevante Informationen verwässert.

Gleiches gilt für beim aktuellen Kunden unpassende oder unbekannte Fachbegriffe oder die Wahl eines Jargons oder Sprachstils, der im konkreten Fall einfach nicht passt.

> **Wichtig**
> Generische Textbausteine können selten aus sich heraus einen Mehrwert kommunizieren, denn ein echter Mehrwert ist immer individuell auf den Kunden und sein bestehendes Problem abgestimmt.

Textbausteine aus Altangeboten beschreiben zwar den gleichen fachlichen Inhalt, lösen aber aus Kundensicht noch nicht das gleiche Problem. Wenn Mehrwertbeschreibung, Struktur, Flughöhe und Stil der Ansprache (Zielgruppenorientierung, Nutzung von bestimmten Fachwörtern) nicht passen, verliert der Kunde das Vertrauen in die Ernsthaftigkeit Ihrer Bemühungen oder die Lösungstauglichkeit des Angebotsinhaltes.

3.4.3 Wie Sie Risiken von Textbausteinen mit einfachen Mitteln im Griff behalten

Manchmal kommen Sie einfach nicht daran vorbei, Textbausteine zu verwenden. Abhängig von Ihrer Ausgangssituation sollten Sie die Risiken genau prüfen. Generell gilt: Je weiter Ihr Kunde fachlich, technisch oder inhaltlich vom Gegenstand des Textes entfernt ist, desto eher sollten Sie auf Textbausteine verzichten.

In allen Fällen sollten Sie jedoch Folgendes bedenken: Überlegen Sie sich noch vor dem Schreiben, welche Informationen für den Kunden wirklich relevant sind. Um diese Arbeit kommen Sie nicht herum. Legen Sie erst dann die Struktur des Angebots oder Kapitels fest (siehe Abschn. 2.2). Und erst *dann* suchen Sie Ihre Bausteine.

Unterscheiden Sie auch im weiteren Verlauf sauber zwischen der Argumentation, warum der Kunde bei Ihnen kaufen soll, und den verwendeten Textbausteinen. Widmen Sie sich immer zuerst den individuellen Argumenten zu jeder Frage oder jedem Punkt Ihres Kunden. Bringen Sie diese Verkaufsargumente jeweils auf den Punkt und stellen Sie einen Bezug zwischen der technischen oder fachlichen Lösung und dem Nutzen der Lösung für Ihren Kunden her. Wenn Sie Ihre Argumente *danach* sinnvoll mit Textbausteinen unterfüttern können, umso besser. Aber das ist erst der zweite Schritt.

Wenn Sie sich für einige passende Textbausteine entschieden haben, verbinden Sie die eingefügten Elemente bitte sprachlich mit dem vorhergehenden Text. Das wirkt deutlich eleganter. Achten Sie auf unpassenden Jargon, einen anderen Schreibstil oder bestimmte Fachbegriffe, die Ihr Kunde möglicherweise noch nicht kennt. Nutzen Sie Textbausteine also vor allem als Ergänzung zu Ihrer Story. Wichtiges kommt nach vorn, Details ans Ende – wie im gesamten Angebot, so auch hier.

Und bitte: Prüfen Sie jedes Mal jeden Textbaustein im Detail auf Aktualität und auch auf Verständlichkeit. Insbesondere, wenn Sie ihn aus einer zentralen Datenbank ziehen und ihn nicht selbst verfasst haben.

Checkliste/Fragenkatalog zur Verwendung von Textbausteinen

- Haben Sie für den aktuellen Kunden unpassende Passagen oder Sätze gestrichen?
- Haben Sie die einzelnen Informationen/Absätze in die aktuell beste Reihenfolge/Priorisierung gebracht?
- Fehlen nun noch wesentliche Punkte, die Sie individuell ergänzen müssen?
- Haben Sie den Baustein nutzentechnisch angebunden, das heißt, haben Sie den entstehenden Nutzen jeweils explizit vorweggenommen?
- Haben Sie den Textbaustein sprachlich angepasst oder zumindest so angebunden, dass er nicht direkt auf den ersten Blick als Baustein auffällt?
- Haben Sie den Baustein sorgfältig auf Aktualität, Flughöhe und Sprachstil geprüft?
- Ist der Baustein frei von Jargon und Fachwörtern, die Ihr Kunde nicht kennt oder die bei ihm unüblich sind?

▶ Um Textbausteinrisiken zu minimieren, überlegen Sie sich zu Beginn, welche Informationen für den Kunden wirklich relevant sind. Auf der Basis dieser Überlegungen definieren Sie Ihre Angebotsstruktur. Wenn Sie die Struktur mit Bausteinen befüllen, streichen Sie alle nicht zur Struktur passenden Bausteininhalte und lassen Sie sich nicht dazu verführen, Ihre Struktur durch eine innerhalb der Bausteine andersartige Struktur noch einmal zu verändern. Ergänzen Sie Ihr bis dahin generisches Angebot um passende Stilmittel des überzeugenden Schreibens (siehe Abschn. 2.3).

4 Management Summary: Visitenkarte des Angebots und Leuchtturm für Ihr Team

Stellen Sie sich einmal vor, Sie möchten ein neues Auto kaufen. Sie gehen zum Autohändler Ihres Vertrauens und nach einer kurzen Begrüßung zeigt Ihnen der Händler ein Fahrzeug und sagt so etwas wie: „Nehmen Sie doch den hier, der hat einen Robitron-Bremsassistenten und ein stereo multioptimiertes optiksensorgesteuertes pre-crash React-System." Wie würden Sie reagieren?

In der Praxis wird dies zum Glück nicht passieren. Der Händler wird eher so etwas sagen wie: „Ich habe verstanden, dass Sie sich Sorgen machen, dass Ihre Familie bei einem Verkehrsunfall verletzt wird. Wenn Sie möchten, dass Ihre Familie optimal geschützt ist, dann empfehle ich Ihnen dieses Fahrzeug. Denn dieser Wagen hat überall Kameras und Sensoren, die schon kurz vor einem Unfall erkennen, dass gleich etwas passieren wird und kann daher die Sicherheitsgurte noch vor dem Aufprall anziehen. Die Folge ist, dass es deutlich seltener zu ernsthaften Schäden kommt."

Was uns hier einleuchtend erscheint, fällt bei unseren eigenen Angeboten oft hinten über. Nämlich den Kunden nicht zuallererst mit unverständlichen Lösungsbestandteilen zu überschütten, sondern bei seinem Schmerz anzusetzen. Und wenn wir ihm signalisiert haben, dass wir diesen Schmerz verstehen, dann wird er uns auch zuhören, wenn wir ihm das Optimal-Szenario nach einer erfolgreichen Problemlösung vorstellen. Und erst dann, wenn wir diese gemeinsame Zielvorstellung definiert haben, erst dann stellen wir ihm die dazugehörige technische oder fachliche Lösung oder das dazu notwenige Dienstleistungselement oder Produkt vor.

Noch einmal: Unser Angebotsinhalt ist für den Kunden nur ein Mittel zum Zweck. Gehen wir nicht zuerst auf das Problem des Kunden ein, sondern fallen direkt mit der Tür ins Haus, entsteht beim Kunden der Eindruck: Der will mir etwas verkaufen. Gehen wir richtig vor, hat der Kunde hingegen das Gefühl, dass wir ernsthaft mit ihm an der Lösung seiner Problemstellung arbeiten möchten.

P. Hofstadt, *Professionelle Angebotserstellung*, essentials,
https://doi.org/10.1007/978-3-658-27056-8_4

Was also macht aber nun ein überzeugendes Management Summary aus? Wie erstellen wir es und welche Bestandteile gehören in welcher Reihenfolge hinein? Wenn man diese Fragen ausführlich beantworten möchte, kann man allein damit ein halbes Buch füllen. Hier in aller Kürze zumindest die wichtigsten Elemente eines überzeugenden Summarys, damit Sie sie für Ihr Angebot nutzen können.

Ziel und Zweck eines Management Summarys

Der Zweck eines Summarys ist, dem Kunden zu zeigen, dass Sie sein Geschäft und das eigentliche Problem verstehen und die Zielstellung in der gleichen Weise begreifen, wie dies Ihr Kunde tut. Darüber hinaus soll es aufzeigen, warum Sie derjenige Anbieter sind, der die bevorstehende Aufgabe am besten von allen Anbietern lösen kann. Es sollte darüber hinaus eine kurze, präzise und verständliche Zusammenfassung sein, warum Ihr Angebot das Beste ist. Ein gutes Summary reduziert Ihre beim Kunden erbrachten vertrieblichen Vorarbeiten auf eine knackige Story mit durchschlagenden Argumenten.

Um den vorstehenden Satz umsetzen zu können, müssen Sie also insbesondere die folgenden Punkte beachten:

- Sie müssen dem Kunden zeigen, dass Sie sein Geschäft und sein eigentliches Problem verstanden haben und es in Ihren eigenen Worten so beschreiben können, dass Ihr Kunde sich darin wiederfindet.
- Sie müssen den Mehrwert der Beauftragung in einer für den Kunden wichtigen und nachvollziehbaren Messgröße darstellen können und dabei sowohl die wirtschaftlichen als auch die politischen oder persönlichen Ziele treffend beschreiben können, im Zweifel durch das, was Sie nicht oder nur verdeckt kommunizieren. Sie müssen in der Lage sein, unter Nutzung dieser Messgröße das zukünftige Optimal-Szenario treffend auf den Punkt zu bringen.
- Sie müssen Markt und Wettbewerb gut genug kennen, um im Bereich der Lösungsbeschreibung Ihre Alleinstellungsmerkmale und relativen Stärken ausspielen zu können und um zeigen zu können, dass Sie das Kundenproblem am besten von allen Wettbewerbern zu lösen in der Lage sind.
- Sie müssen kurz und knapp belegen können, warum Sie glauben, das Versprochene auch halten zu können.

Darüber hinaus beinhaltet das Summary die wesentlichen Bestandteile des Geschäfts, also den Preis und wichtige Beistellungen seitens des Kunden, die für die Entscheidung relevant sein können.

Abschließend sollte es die wesentlichen Elemente der Zeitplanung beinhalten und mit einer konkreten Handlungsaufforderung enden.

Arbeitshilfe zur Erstellung überzeugender Summarys

Tab. 4.1 setzt diese Anforderungen um und bietet Ihnen eine erste Arbeitshilfe zur Erstellung von überzeugenden Summarys. Die weitere Ausgestaltung der einzelnen Ebenen, für die wiederum jeweils ein methodisches Vorgehen existiert, wird hier nicht thematisiert. Die Inhalte würden den Rahmen dieses *essentials* sprengen.

▶ Nutzen Sie die Arbeitshilfe nicht nur für Angebote, sondern auch für Konzepte, mit denen Sie Ihre Vorgesetzten überzeugen wollen oder für die Nachbereitung von Kundentelefonaten. Wenn Sie nicht in der Lage sind, den Zweck einer Zusammenarbeit mit Ihrem Kunden in der vorstehenden Form kurz und knapp auf Papier zu bringen, haben Sie möglicherweise noch nicht verstanden, worum es Ihrem Kunden oder Gesprächspartner *wirklich* geht. Gehen Sie an dieser Stelle noch einmal in sich oder fragen Sie aktiv nach.

Tab. 4.1 Arbeitshilfe zur Erstellung überzeugender Management Summarys

Kundenschmerz: Worum geht es im Kern?	Zentrale Frage: Warum hat der Kunde sich entschieden, hier Geld auszugeben? Welche Probleme auf Tagesarbeitsebene und wirtschaftlicher Eben stehen dahinter? Was ist der persönliche Bauchschmerz des Entscheiders?
Gewünschtes Ergebnis: Das Zielbild in eigenen Worten	Zentrale Frage: Welches Ergebnis bekommt der Kunde, wenn beauftragt? Was ist seine Top-Vorstellung der Zukunft? Mit welchen Zahlen, Ergebnissen oder monetären Entwicklungen ist dies verbunden?
Lösungsansatz in aller Kürze	Zentrale Fragen: Mit welchem Ansatz erreiche ich das beschriebene Ergebnis? Wie sieht die Lösung aus einer High-Level-Perspektive aus? Was ist über die rein technische Sicht hinaus noch wichtig, damit das Projekt ein Erfolg wird? Warum soll der Kunde auf Ebene des Lösungsansatzes Sie wählen und nicht die Konkurrenz? Was ist auf den Punkt gebracht das einzigartige an Ihnen oder Ihrer Lösung?
Vertrauensbildung und Beweisführung	Wie beweisen Sie dem Kunden, das Versprochene auch umsetzen zu können? Welche Vergleichsprojekte, Zertifikate oder sonstigen vertrauensbildenden „Nachweise" können Sie anführen?
Preis und weitere Fakten	Zentrale Bestandteile des Auftrags: Wann kann das Projekt beginnen und wann wird es enden? Zu welchem Preis bieten Sie an?
Handlungsaufforderung: Nehmen Sie Ihren Kunden an die Hand	Was sind die nächsten Schritte? Was muss Ihr Kunde nun tun, damit das Projekt ein Erfolg wird?

Abschließend möchte ich Ihnen noch ein paar Hinweise dazu geben, an welchen Stellen das Management Summary in übergreifenden Prozessen eine Rolle spielt:

- Das Management Summary ist der Anker Ihrer Argumentation. Hier kommen alle Fäden zusammen. Und deswegen sollten Sie es so früh wie möglich schreiben. Sie sollten es in einem ersten Entwurf erstellt haben, noch bevor Sie an andere Angebotsbestandteile auch nur einen Gedanken verschwenden. Oft können Sie die ersten Ideen für ein Summary schon auf Basis eines Kundenentwicklungsplans skizzieren, noch bevor Sie mit dem Kunden sprechen.
- Insbesondere dann, wenn Sie mit mehreren Personen gemeinsam ein Angebot erstellen, besitzt das Summary auch den Charakter eines Leuchtturms für Ihr Team. Damit alle in die gleiche Richtung agieren und eine konsistente Lösung schreiben und beschreiben, sollten Sie die beteiligten Personen so früh wie möglich mit dem Summary bekannt machen.
- Das Summary hilft Ihnen im Rahmen des Angebotserstellungsprozesses, zu definierten Zeitpunkten einen Review auf den beabsichtigten Kundenfokus durchzuführen oder durchführen zu lassen. Finden sich die hier auf den Punkt gebrachten Informationen in den Detailtexten des Angebots wieder? Wenn nicht, sollten Sie bzw. Ihre Team-Kollegen frühzeitig nacharbeiten.
- Das Summary wird zwar früh erstellt, nichtsdestotrotz ist es aber ein „lebendes“ Dokument und darf bis zur Angebotsabgabe auch noch verändert werden. Insbesondere gilt dies natürlich, wenn sich wesentliche neue Erkenntnisse zum Kunden, zum Wettbewerb, zur möglichen Lösung oder zu weiteren Rahmenparametern ergeben.
- Ein professionell erstelltes Summary ist auch im weiteren Projektverlauf wichtig. Denn es erleichtert dem designierten Projektleiter den Einstieg in das Projekt beim gegebenenfalls neuen Kunden.
- Zu guter Letzt besitzen Sie mit einem kundenorientierten und gut formulierten Summary auch bereits einen ersten Entwurf für eine überzeugende Projektreferenz oder Success Story.

Was Sie aus diesem *essential* mitnehmen können

- Sie können kundenorientierte Dokumente mit einem roten Faden entwickeln und Ihre Leser gezielt hindurchführen.
- Sie können überzeugende Verkaufsbotschaften formulieren und diese im Angebot unübersehbar herausstellen.
- Sie wissen, welche Fragen Sie beantworten müssen, bevor Sie mit dem Schreiben beginnen.
- Sie kennen die wichtigsten Elemente wirklich überzeugender Angebote.

P. Hofstadt, *Professionelle Angebotserstellung*, essentials,
https://doi.org/10.1007/978-3-658-27056-8

Literatur

Minto B (2005) Das Prinzip der Pyramide. Pearson, Hallbergmoos

P. Hofstadt, *Professionelle Angebotserstellung*, essentials,
https://doi.org/10.1007/978-3-658-27056-8